王　儀　著

趙宋與王氏高麗及日本的關係

中華書局印行

趙宋與王氏高麗及日本的關係目錄

壹　宋的開國與外患踵至

一　宋的開國

五代是國史上的黑暗時代，戰無寧日，百事盡廢，而中國自漢、唐以來輝煌的學術文化，亦斷喪殆盡；南方諸國戰亂較少，文化、經濟雖勉有發展，然仍不能彌補此重大損失。直至十世紀中葉，趙匡胤統一天下，中國文化始再甦生機，從而發揚光大。

有宋一代，百學昌明，上承漢、唐，下啓明、清，紹述創造，靡所不備。

趙匡胤字元朗，涿郡（河北涿縣）人，隨周世宗柴榮征討北漢、南唐有功，官拜「殿前都檢點」，掌禁軍，握京師軍權。

後周顯德六年（西元九五九年），世宗北伐遼，取瓦橋關（河北雄縣南），收復瀛（河北河間）、莫（河北任邱）、易（河北易縣）三州，分置霸（河北霸縣）、雄（河北雄縣）二州以領之。繼趨幽州（北平），疾發，班師。傳位幼子宗川，是爲恭帝。

後周顯德七年（西元九六〇年），北漢引遼入寇，趙匡胤率師往擊，軍次汴京（河南開封）東北四十里之陳橋驛，譁然兵變，匡胤弟匡義與禁軍將領石守信等以黃袍加匡胤身，擁之爲帝。匡胤回師汴梁（河南開封），卽帝位，國號宋，定都汴梁，是爲宋太祖。廢恭帝爲鄭王，後周得國十年，計三主而亡。

二　宋的統一

宋太祖卽位時，割據的國家，尙有後蜀、南唐、吳越、南漢、荊南、北漢六國，非弱卽亂。

宋太祖爲完成統一大業，於乾德元年（西元九六三年）首平荊南；乾德三年（西元九六五年），滅後蜀；開寶四年（西元九七一年），滅南漢；開寶五年（西元九七二年），滅南唐；開寶六年（西元九七三年），吳越入朝，獻國納土，宋太祖封錢俶爲「交趾郡王」，吳越亡。

惟北漢挾遼勢抗宋，宋太宗光義卽位後，致力消滅北漢，太平興國四年（西元九七九年），宋太宗將兵征伐，遼出兵援北漢，宋軍先破遼軍，進圍太原，北漢主劉繼元出降。至是中國復歸統一，結束五代十國分崩割據之局。

宋代疆域，北至河北瓦橋關及山西雁門關，與遼接壤；西至隴東，與夏、吐蕃爲鄰；西南以大渡河與大理爲界；而交州原爲中國版圖，至是建立瞿越國，雖受宋室册封，實已獨立；故宋代疆域遠較唐代爲小。

三　終宋之世外患踵至

中國史上因中唐藩鎮的割據，始開五代帝王爭奪之局，而帝王的嬗遞，又操之於武將之擁廢，如後唐明宗李嗣源與後周太祖郭威，均因武將之擁立而得位；宋太祖亦復如此。宋太祖深悟「藩鎮」、「禁軍」是兩大禍源，以下剋上，成爲風氣，而禁軍隨時可以發動政變，冊立天子，於是決心整飭，用趙普議，於宋建隆元年（西元九六〇年）召宴諸將，杯酒言歡，酒宴間勸久典禁軍的石守信、高懷德多積金帛，置買田宅，蓄歌童舞女，善終天年，以免君臣猜嫌。石守信等卽稱疾請辭，以散官就第，是謂「杯酒釋兵權」。宋太祖繼而削弱藩鎮，制其錢穀，收其精兵；「節度使」出缺，命文官代之；將節度使兼領的州（支郡）直隸中央，並設「諸路轉運使」，以管財賦。「牙軍」是節度使的基本武力，不許設置，地方勁卒均歸朝廷，於是重演「杯酒釋兵權」，王彥超、楊廷璋等節度使，同日罷鎮。

唯凡事有一利，亦有一弊，由於宋太祖矯枉過正，結果將無實力，兵多怯弱，邊疆民族乘虛而入；尤以後晉高祖石敬唐割燕雲十六州予契丹，中國北疆門戶大開；復因隴右（甘肅、寧夏、青海、新疆）陷於吐蕃；雲南沒於大理；安南自立；夏崛起於夏、銀、宥、靜等十八州（陝西、甘肅北境及內蒙古西南地），四境不寧，外患踵至。

終宋之世，中國所受外患之深，實爲國史上統一朝代所鮮見，宋雖南遷避禍，終以外患亡國。

貳　王氏高麗朝宋

一　追溯中韓關係的淵源

(一)　韓國歷史與中日兩國歷史不易分開

大韓民國雖然建立在中國東北邊境的朝鮮半島，但其發祥地，卻在鴨綠江以西，原屬中國遼東之地——殷末周初，箕子開拓朝鮮的基地。今日大韓民國（包括南韓、北韓）的疆域，則是承繼朝鮮半島上古朝鮮的遺產。

朝鮮半島是亞洲大陸與日本列島間的唯一「旱橋」，是日本邁入大陸的跳板，由於地理形勢使然，一部韓國歷史，自上古以迄現代，難與中、日兩國歷史分開；「中韓一家」，水乳交融，固屬鐵的事實，但韓人遭受其強鄰日本的侵凌，亦史實俱在。而中國基於道義立場，一再援助韓國獨立，不惜與日本兵双相見，濟弱扶傾的泱泱大國風範，不僅是亞洲史上所鮮見，即是世界史上亦屬罕有。

（二）韓國名稱的由來

韓國始稱「朝鮮」，爲中國所命名。因其位在東方，以日光早明而得名。箕氏、衞氏時代，皆沿用朝鮮國號。

西元前一世紀後，東胡族的烏桓、鮮卑騷擾中國東北，中國大陸通往朝鮮半島的陸路交通因而阻斷。此時，朝鮮半島上有「高句麗」、「百濟」、「新羅」三國的興起，形成「三國鼎立」的局面；韓國編年史稱之爲「後三韓」。

西元七世紀，「高句麗」、「百濟」先後爲唐所滅，「新羅」通款納貢於唐，爲中國文化輸入朝鮮半島的極盛時代，唐高宗目新羅爲「君子之國」。及唐武后稱帝，人心離散，新羅盡併高句麗、百濟故地，稱雄朝鮮半島。

西元九世紀末葉（唐代末期），朝鮮半島上的政治形勢又復改觀，新羅式微，半島出現「新羅」、「後百濟」、「泰封」三國對峙之局。西元九一八年（後梁末帝貞明四年），泰封「侍中」王建自立爲王，國號「高麗」——王氏高麗。未久，新羅不堪後百濟侵逼，投降高麗。繼之，後百濟亦爲高麗所併，高麗統一朝鮮半島。

西元一三九二年（明洪武二十五年），李成桂（李旦）簒王氏高麗，復號「朝鮮」。其後，李氏朝鮮統治半島達五百年。

西元二十世紀初（日俄戰後），朝鮮脫離大國羈絆，成爲一獨立國家，改稱「大韓」。

西元一九一〇年（清宣統二年），日本併大韓，復其「朝鮮」舊號。

第二次世界大戰期中，韓志士在中國組織光復軍，對日作戰，中國朝野對韓人的復國運動，殊多贊助。

西元一九四三年（民國三十二年）中、美、英三國領袖在開羅會議，蔣委員長建議「朝鮮於相當期間內自由獨立」，而獲通過。

西元一九四五年（民國三十四年），中、美、英三國菠茨坦宣言，重申開羅會議宣言（剝奪日本自第一次世界大戰在太平洋上所獲得或占領之一切島嶼；日本竊取中國東北四省、臺灣、澎湖列島均應歸還中國；朝鮮獨立；日本主權限於本州、北海道、九州、四國及指定之小島。）迨二次世界大戰結束，韓人於西元一九四八年（民國三十七年）八月十五日光復國土，復號「大韓」，成爲獨立國家。

（三）韓國戰略形勢重要

韓國爲黃種韓民族的居地，位於亞洲大陸東陲，從中國東北向東南伸出的大半島，面積八五・二四六方哩。北與中國東北及蘇俄濱海省接壤，南隔對馬海峽與日本相望，西臨黃海，東濱日本海。

就地理形勢言，朝鮮半島爲亞洲東北大陸和海洋間的走廊，甚具戰略價值，大陸國家每以朝鮮半島爲橋樑，向海洋發展，而海洋國家又以朝鮮半島爲踏上大陸的跳板。溯自日本崇神天皇（當漢武帝時代）支援朝鮮半島「三國分立時代」的大伽耶（又名任那，今慶尙北道高靈郡），渡海登陸朝鮮半島，以及日本神功皇后於任那置日本府，駐箚重兵，統制諸韓以來，波瀾常由此半島湧起，陸上大國與海洋國家的衝突，遂在半島展開；中國當唐、明、清時代，因韓國問題而與日本在半島兵刄相見。清日甲午戰後，繼有日俄之役，中、俄先後戰敗，日本遂併有朝鮮。直至二次世界大戰結束，韓人始自日本掌握中解放，卻因美、蘇二國的分別占領，朝鮮半島出現南北二政權，致有韓戰的發生。

就戰略形勢言，南北韓的戰爭，是海陸兩强的半島爭奪戰，除非一方獲得壓倒性的勝利，否則南北分立的韓國，仍然無法建立統一的政府。

（四）大韓民族的主幹是中華民族的近支血統

朝鮮半島一如日本，自古以來有若干外來的民族，相繼由大陸陸續遷往定居。構成大韓民族的主幹，是來自中國大陸的中華民族近支血統的「扶餘族」。他們便是「韓人」的祖先。

扶餘族（一作夫餘）是亞洲通古斯民族中的滿洲族的一支，其發祥地在中國東北，出產人參、貂皮、烏拉草，所謂「吉林三寶」的寧安。扶餘族的祖先是赫哲族，俗稱「魚皮韃子」，開化甚早，以漁獵爲生，西元前二千餘年，自發祥地的牡丹江流域，遷移至松花江南岸的扶餘縣（舊名新城）。其後，沿松花江南下，散居於遼河流域；尤以遼東灣一帶土地肥沃，氣候溫和，於是扶餘人仿效漢人，開始農耕。

漢元帝劉奭建昭二年（西元前三十七年），扶餘人在鴨綠江西岸，創建「高句麗」。而「百濟」的建國，在漢成帝劉驁鴻嘉三年（西元前十八年），則是高句麗的分支。

之後，高句麗人向朝鮮半島南部深入，遂與土著民族合力經營半島南部的開發。大韓民族中，「漢族」亦居次要地位，殷末周初，箕子率領大批漢人，在遼東建立以漢人爲中心的「箕氏朝鮮」，進而越鴨綠江，經略半島北部。故漢族藉政治力量的推進，大批的遷居半島，且支配當地土著。迨五胡亂華，漢人相率遷往半島避難。

此外，「蒙古族」自古卽與扶餘族血統相混，故大韓民族早在「三韓分立」（馬韓、辰韓、弁韓）前，已有蒙古血統。迨蒙古建立元帝國，視「王氏高麗」爲「內屬國」，採「宗室和親」政策；更因半島爲蒙古東征日本的兵站，兩國民間多有聯姻，於是產生更多的血統交流的結晶。

朝鮮半島南端與日本九州接近，自古日、韓兩國往來密切，「大和民族」亦有越海移住半島的紀錄，惟人數不多。

（五）中韓歷史源遠流長

中、韓兩國，國境相連，中、韓關係可遠溯至五千年前的新石器時代。

據考古學家在朝鮮半島西南部所發現的「撐石」（西方學者稱之石棹），認定是新石器時代的文化遺產。「撐石」以天然大石爲頂，另以三、四短細石柱支撐而立，其形式一如中國山東半島的「石棚」。在朝鮮半島中北部發現的「石棚」，是新石器時代末期至金石並用時代的文化遺產，用四大石壁以代支柱，頂石之邊，伸出四壁之外，其形狀與中國遼東半島的「石棚」相似。遼東半島與朝鮮半島一江（鴨綠江）之隔；山東半島與朝鮮半島一海（黃海）之隔，中、韓兩國相距不遠，文化遺產相同，誠非偶然巧合。

依據文字史料，中、韓兩國關係，可追溯三千餘年前殷末周初，箕子在鴨綠江以西——遼東之地開拓朝鮮，進而經略朝鮮半島北部開始。日本歷史學家林泰輔氏亦云：「當時（指古朝鮮）之所謂朝鮮者，與今日疆域完全不同，大抵含今日遼東及朝鮮之北部。」（朝鮮通史）中、韓關係密切，水乳交融。

春秋時代，箕氏朝鮮手工藝品輸入齊國，中、韓貿易甚盛。

戰國時代，箕氏朝鮮以燕爲宗主國。

秦始皇統一中國，箕氏朝鮮臣屬於秦。秦末，中國內亂正熾，燕、趙、齊人，多避難朝鮮半島南部。

漢惠帝時，燕人衞滿驅逐箕氏政權，建立「衞氏朝鮮」，統治半島。（漢武帝時設四郡統治衞氏朝鮮）箕子後裔南下馬韓，另建政權，自立爲韓王，朝鮮半島上呈現兩個客籍政權，南北對峙的局面。此時，半島南部「三韓」分立——「馬韓」、「辰韓」、「弁韓」，除馬韓爲半島土著民族所建外；辰韓爲秦之亡人所建；弁韓爲齊東亡人所立，均係中國人所建立的政權。

當東胡族的烏桓、鮮卑騷擾中國東北，中國大陸通往朝鮮陸路阻斷，此時，半島產生「三國分立」的新形勢——「高句麗」、「百濟」、「新羅」鼎足而立。

迨劉秀（東漢光武帝）中興漢室，高句麗遣使朝漢。其間樂浪人王景前來中原治理汴渠，功業不朽。

三國時代，高句麗臣事吳國。

西晉末年，五胡亂華，中國人不堪苛政、賊亂與胡人的迫害，相率遷往朝鮮半島避難，長期定居，與韓人通婚，促成中、韓兩國不僅是壤地相接的脣齒之邦，亦是血統相同的兄弟之國。

東晉時代，前燕對高句麗封册，百濟亦曾朝晉。

南北朝時代，高句麗、新羅、百濟對中國南北政權，維持友好關係。

唐代，歷太宗、高宗二十四年間，傾全國力量援助新羅，以抗高句麗、百濟、日本；新羅通款納貢於唐，統一半島，爲中國文化輸入半島的極盛時代，唐玄宗目新羅爲「君子之國」。唐末，新羅式微，半島呈現「新羅」、「後百濟」、「泰封」三國。

五代後梁末帝貞明年間，泰封「侍中」王建自立爲王，國號「高麗」，統一半島。

宋代，王氏高麗不服遼、金，而親弱宋。

元代，中國視高麗爲一家，內政、外交合爲一體。

明代，神宗萬曆年間支援「李氏朝鮮」而對日本作戰，不惜披髮纓冠，劍及履及，歷七年的苦戰，動員數十萬大軍，耗餉七百八十餘萬兩，終使韓人存其社稷，而中國未嘗索一文之酬報，充分表現宗主國的風度，李氏朝鮮感激不忘。又因中國儒家「尊王攘夷」的春秋大義，浸潤於朝鮮統治階級，他們將明廷視爲「尊王」的對象，自稱「東海波臣」。明亡，李氏王朝在宮中設「大報壇」，每年祭祀明太祖、神宗、思宗三帝，對明思宗殉國，尤爲崇敬。朝鮮英祖二年（清雍正四年、西元一七六二年），北靑明毅宗御筆「非禮不動碑」立碑，其文有謂：「偶得崇禎御筆四大字，而來付與於故奉朝賀宋時烈仍　貞珉建祠其傍，名曰『萬東』，蓋取一間茅屋祭昭王之意。嗚呼！此豈非體聖祖尊周之大至歟……寶畫如新，再三欽奉，涕泗被面，……以伸追恭之忱云爾。」觀此可證李氏朝鮮對明室的心悅誠服，感念不忘。

清代，德宗支援李氏朝鮮拒日，均為「自發自願的援助，而非外發外鑠的援助。」迨民國二十六年（西元一九三七年），中國對日戰爭爆發，韓國義士在中國力謀復國，中國朝野亦多加援助。民國三十二年十一月，中、美、英領袖在開羅會議，發表開羅宣言，制裁日本的行為。允許戰後朝鮮獨立（蔣委員長在會議中，力持此議，卒獲通過。）大韓民國的成立，是領袖蔣公在開羅會議和中國代表在聯合國會議，力爭韓國獨立的成果。

故一部中、韓關係史，正洋溢著「國家民族必以文化道義相濡呴，而後彼此纔有和平相處的可能；亦即人類社會必以文化道義相濡呴，而後世界纔有永久和平的希望。」現在，中國和韓國面臨同一命運，必須同舟共濟。蘇聯共產帝國主義在侵略世界的野心下，使中、韓兩國災禍連年，民族垂危。回顧朝鮮亡於日本後，革命先烈捐軀成仁，其唯一目的，在求復興；中國對日八年抗戰，目的在保衛國土，維護民族生存。但是，「保證韓國復興的前提，就是中國必先復興。非如此，韓國不能得救。」因為中、韓兩國唇亡齒寒，中國不强，韓國無以自立；韓國不存，中國失去屏障，勢難圖强，此為顛撲不破之理；亦為中、韓兩國人民所應有的認識和信念。

二　王氏高麗的建立與統一朝鮮半島

（二）朝鮮半島「三國分立」的重演

㈠ 新羅式微

新羅於中國唐代中期，稱雄朝鮮半島，迨自惠恭王以降，國內叛亂遞起，惠恭王、哀莊王、僖康王均罹於弒逆之禍；文聖王、景文王、憲康王之世，叛亂仍不絕，然平服亦速，惟國政窳敗與日俱深，新羅元氣大傷。憲康王君臣優游玩愒，競以琴瑟詩賦相娛，不理國事。女主眞聖王卽位，嚴禁國人議論朝政，違者處死，民怨沸騰。據「朝鮮史略」云：「時有人議謗時政，榜於路。主（按指眞聖王）疑隱者王巨仁所爲，命下獄，將殊之。巨仁憤怒，作詩書獄壁；詩曰：『于公痛哭三年旱，鄒衍含愁五月霜，今我幽愁還似古，皇天無語但蒼蒼！』是夕，忽震雷雨雹，主懼，釋之。」足證眞聖女王止謗之苛。其眷養面首，紀綱不振，朝政益弛，各地盜賊蠭起。各州郡又不輸納貢賦，國庫日蹙，百政俱廢。

新羅眞聖女王四年（唐僖宗中和元年、西元八八一年），據北原（江原道原州）賊帥梁吉，遣部將弓裔，率百餘騎襲擊北原以東及溟州（江陵）、酒泉十餘郡縣。

新羅眞聖女王五年（唐僖宗中和二年、西元八八二年），弓裔據完山（全羅北道全州）；賊帥甄萱襲擊五珍州（全羅南道光州郡）。

新羅眞聖女王九年（唐僖宗光啓二年、西元八八六年），南方「赤袴」賊，時襲京畿四郊，掠刼民戶，全國騷動，新羅國勢至此日趨式微。

新羅孝恭王之世，朝鮮半島政治形勢改觀，「後百濟」、「泰封」二國割據半島南北，新羅僅保有慶尙南道及北道大部，國力萎弱。

(二) 後百濟稱雄朝鮮半島南部

新羅眞聖女王在位十一年，國內賊亂遞起，無力平服，乃遜位予憲康王的庶子嶢，是爲孝恭王。

此時，新羅盜賊蜂起，尙州加恩人甄萱，趁機集聚亡命稱亂。甄萱本姓李，爲農家子，據「朝鮮史略」云：「萱生，父耕野，母餉之，置於林下，虎來乳之。及壯，自號『甄萱』。」嗣後，任裨將。眞聖女王五年，攻取五珍州，其勢日張。翌年，自立爲王。

新羅孝恭王四年（唐昭宗景福元年、西元八九二年），甄萱攻大耶城（陜川）不下，引軍奪錦城南方。

同年，甄萱定都完山，稱「後百濟」。

新羅孝恭王十一年（唐昭宗光化二年、西元八九九年），後百濟據有全羅南北道、忠清南北道的三分之一、慶尙北道的善山、晉州、固城等地，稱雄朝鮮半島南部。

(三) 泰封的崛起

泰封創始者弓裔，是新羅憲安王的庶子，據傳在重五日生於外家，光燄異常，生而有齒，「日官」認係不祥之兆，請憲安王殺之禳禍。役者自襁褓中取出弓裔，欲擲之樓下墜死，適爲乳母捧接，倉皇逃走。途中誤傷弓裔一目。及長，祝髮爲僧，法號「善宗」。他不甘梵磬青燈的寂寞，而幼年不幸的悲慘遭遇，更使他內心充滿復仇之念，終於棄僧還俗，投奔北原大盜梁吉，甚獲賞識。其後，梁吉分兵使弓裔東略新羅之地，屢戰輒勝。及眞聖女王四年，襲據溟州十餘郡縣後，聲勢大增。

新羅孝恭王二年（唐昭宗大順元年、西元八九〇年），弓裔脫離梁吉，得智囊王建來助，擴張勢力於大同、漢江兩流域，自立爲王，定都松嶽（京畿道開城），國號「摩震」。之後，積極掠奪新羅領土，每破州郡，弓裔凡見新羅君王畫像，輒拔劍斫毀。其妻康氏諫之，觸其怒，以烈火燒鐵杵，搗女陰殺之，殘暴不仁，一至於此。

新羅孝恭王十二年（唐昭宗光化三年、西元九〇〇年），弓裔囊括江原道全部、忠清南北道的三分之二，此外，京畿、黃海及平安北道之地，亦爲其所據。

新羅孝恭王十三年（唐昭宗天復元年、西元九〇一年），弓裔率水軍下珍島郡，破甄萱於臯夷島城。

翌年，弓裔遣部將王建取錦城，與甄萱軍戰於德津浦（靈巖之北），大勝甄萱軍。

新羅孝恭王十五年（唐昭宗天復三年、西元九〇三年），弓裔改國號爲「泰封」，年號「水德萬歲」，以紀念德津浦水戰大捷。

（二）王氏高麗的崛起

高麗王朝創始者王建，「松嶽郡（開城）人，父隆（金城太守）築室岳南。僧道銑來相之，曰：『此地當出聖人。』乃授一封書曰：『明年，公必得貴子；既長；與之。』書密，世莫知也。及期，果生建，神光紫氣，繞室充庭。及年十七，銑復來見建，告以出師、置將、地利、天時之法，望秩山川，感通保佑之理。」（朝鮮史略）

新羅孝恭王二年，王建投效弓裔，頗獲信任，授鐵圓郡（江原道鐵原郡）太守。後隨弓裔征伐廣州、忠州、唐城（南陽）、靑州、槐壤（槐山），又敗甄萱於德津浦，聲名日揚。累陞至「侍中」，爲泰封朝的支柱。

弓裔爲人猜忌，王建恭謹敬愼，以免得咎。據「朝鮮史略」云：「一日，裔急召建曰：『卿聚衆謀反，何耶？』建曰：『烏有是哉？』裔曰：『我能觀心。』掌奉崔凝佯墜筆，下庭，微語曰：『不服則危。』建乃悟曰：『臣實謀反。』裔笑曰：『卿可謂直也。』以金銀粧鞍賜之。」此君臣對答一幕，頗具驚險。

泰封弓裔十九年（後梁末帝貞明四年、西元九一八年），王建騎將洪儒、裴玄度等，以弓裔殘暴無道，發動政變，擁立王建，弓裔倉卒逃奔巖谷，爲斧壤（平康）鄉民所害。

同年，王建卽位，定都松嶽，國號「高麗」。

此次政變的經過，簡述如下：

據傳王建嘗夢登海中九層金塔（按九層金塔象徵九重金殿，此夢主帝王之兆），未久，有一行跡怪異之人，手持古鏡兜售於市，此鏡為華裔張昌謹購得。古鏡上刻銘文曰：

「三水中，四維下，上帝降子於辰、馬。先操雞，後搏鴨。
巳年中，二龍見：一則藏身青木中；一則見形黑金東。」

按據當時文士宋含弘等詮釋鏡銘說：「三水中，四維下，上帝降子於辰、馬。」指天生奇人，以辰韓、馬韓舊壤，為其開創事業的發祥地。「先操雞，後搏鴨。」指此人得國先取雞林（按新羅始稱雞林），後收鴨綠江。「二龍見」，指以「龍」為名者之子孫，可為君王（按王建之父名隆，隆與龍同音）。「青木」，指松樹，意謂松嶽郡人。「黑金」，乃鐵之別稱，指鐵圓郡，意謂弓裔興於鐵圓，亦敗於鐵圓。

此鏡銘迅速流傳民間，弓裔令緝捕售鏡怪人，未獲。據說東州勃颯寺內一鎮星塑像，貌似賣鏡人，此當為訛傳矣。

由於鏡銘的預示，頗獲廣大羣衆的共信，而弓裔的殘酷無道，益增人民的憤怒，當洪儒、裴玄度至王建官邸，「密謀擁戴」，王建「堅拒」之際，其妻乘其不備，「提甲以被之」，諸將即挾建擁之而出，即位於布政殿，政變於焉成功。此與中國史上「陳橋事變」，宋太祖趙匡胤兵不血刃，黃袍加身，而登帝位，同為中、韓史上的佳話。

王建卽位，是爲高麗太祖，改松嶽爲開州。大營宮闕，追謚祖考。

同年九月，王建遣從弟王式廉鎮守平壤，修復街衢城廓，改爲西京。

高麗太祖王建二年（後梁末帝貞明五年、西元九一九年），築黃龍城於龍岡。

高麗太祖王建三年（後梁末帝貞明六年、西元九二〇年），築牙善城於咸從。

同年，王建仿唐制置三省、六尚書、九寺、六衞。又爲使流民盡歸田里，免租三年。復出內帑之布，散發貧戶，一時天下歸心。

其後十餘年間，高麗積極擴張領土，國勢日强，成爲朝鮮半島上强大的新興國家。

(三) 新羅投降王氏高麗

高麗建國後，新羅景明王遣使通好，兩國持對等之禮。景明王在位七年逝世，景哀王繼位，仍續通使。此時，新羅國勢益衰，常遭後百濟侵略，景哀王乞師於高麗。甄萱乃先發制人，舉兵攻陷新羅王都金城（慶尚北道慶州），弑景哀王，另立金傅（景哀王之族弟）爲王（敬順王）。甄萱又擄新羅王族、宰臣、子女，並滿載珍寶凱旋完山。

新羅敬順王以國勢孤弱，不能自保，於在位之四年（西元九三一年），召集重臣會議，宣示投降高麗，羣臣亦以大勢已去，決議遣使高麗請降。獨王子持異議，慨謂：「國之存亡，必有天命，當與忠臣義士謀，收拾民心，以死守國，豈宜以一千年社稷輕與人乎！」終未爲重臣採納，王子不忍國亡家破，悄然遁隱皆骨山（一名金剛山，位襄陽），依巖爲屋，麻衣野食以終，誠一血性男兒也。

新羅敬順王八年（後唐末帝清泰二年、高麗太祖十八年、西元九三五年），敬順王親攜國籍，率宮人、百僚自金城往開州歸順高麗，香車、寶馬綿延三十餘里，道路觀者如堵，百姓泣不絕聲。敬順王一行將抵開州，高麗太祖王建偕大臣王鐵迎之於郊。嗣封敬順王爲「正承公樂浪王」，又以長女樂浪公主妻之，授食邑金城，新羅遂亡。

新羅自朴赫居世創國起，至敬順王金傅降順高麗止，歷五十六主，計朴氏十王、昔氏八王、金氏三十八王，享國九百九十二年。

（四）王氏高麗平定後百濟

十世紀初葉，朝鮮半島三國中（新羅、後百濟、高麗），以高麗最强，新羅老弱，僅後百濟勉可與高麗一決雌雄。

高麗太祖十三年（後百濟甄萱三十八年、西元九三〇年），高麗軍與後百濟軍戰於古昌郡，後百濟軍大敗，河曲、直明等郡，望風而降高麗。

翌年，後百濟王甄萱擬傳位予第四子金剛，長子神劍忿甚，乃與國相能奐合謀，囚甄萱於金山佛寺，並殺金剛，自立爲王。甄萱被禁六月，乘間攜幼子能乂逃奔高麗投誠，王建以厚禮相待，尊為「尚父」。

高麗太祖十九年（後晉高祖天福元年、西元九三六年），王建親領騎兵一萬討伐後百濟，神劍未待交兵，即行投降，後百濟建國四十四年亡。甄萱得悉國亡，不數日疽發，死於黃山佛舍。

（五）王氏高麗統一朝鮮半島

自新羅、後百濟先後歸降高麗，朝鮮半島上「無復抗王命者」，遂成高麗一統之世。

高麗太祖二十六年（後晉高祖天福八年、西元九四三年），王建口授「訓要十條」，命「大匡」朴述熙筆錄，以建立一佛化國家；並戒子孫勿縱情聲色；又製「政誡」一卷，激勵節義；撰「誡百僚書」八篇，整飭綱常。由於王建的勵精圖治，「雄深寬厚」，遂創王氏高麗四百五十六年的統一基業。

三　王氏高麗遣使朝宋

當宋太祖積極展開統一中國大業之際，王氏高麗光宗王昭於宋建隆三年（西元九六二年）十月，派「廣評侍郎」李興祐、「副使」李勵希、「判官」李彬入宋，賀新立，宋太祖對高麗使臣甚優渥，蓋其心目中的高麗，有如唐帝之視新羅也。

宋乾德元年（西元九六三年），高麗使臣歸國，宋太祖特頒詔書云：

「古先哲王，奄宅中區；曷嘗不同文軌於萬方，覃聲教於四海；顧余涼德，猥被鴻名，爰致賓王，宣優錫命。開府儀同三司、檢校大師、玄菟州都督、充大義軍使、高麗國王昭（按指高麗光宗王昭），日邊鍾粹，遼左推雄；習箕子之餘風，撫朱蒙之舊俗；而能占雲候海，奉贄充庭；言念傾輸，實深嘉尚。是用賜之懿號，疇以公田；載推柔遠之恩，式獎拱宸之志。於戲！來朝萬里，美愛戴之有孚；柔撫四封，庶混並之無外。永保東裔，聿承天休。可加食邑七千戶，仍賜推誠順化保義功臣。」

宋太祖對王氏高麗嘉勉有加，視之與中國一家矣。

宋開寶五年（西元九七二年），王氏高麗遣「進奉使內議侍郎」徐熙、「副使內奉卿」崔鄴、「判官廣評侍郎」康禮、「錄事廣評員外郎」劉隱等入宋，獻方物。宋太祖復增高麗光宗王昭食邑，另賜「推誠順化守節保義功臣」銜。授徐熙爲「檢校兵部尚書」、崔鄴爲「檢校司農卿兼御史大夫」、康禮爲「少府監」、劉隱爲「檢校尚書金部郎中」，並厚遣之。學者有謂宋太祖對高麗使臣的授封與饋贈，爲國史上的創舉，實則中國在三國時代，魏明帝嘗授日本女王卑彌呼的貢使難升米、都市牛利等，以「率善中郎將」、「率善校尉」之職，並厚賜禮品的事例（參見拙著中日關係史）。

叁　宋太宗伐遼，王氏高麗「依違不從」

一　遼的崛起與內犯

遼（原稱契丹，後漢高祖天福元年改稱遼）爲鮮卑族，居遼河上流潢水（熱河北境），遊牧東三省西部。隋、唐之際，勢力漸大，臣服於唐。安史亂後，東北與中國隔絕，契丹（遼）遂乘機發展。

契丹（遼）分八部，各有大人，每三年推選一人爲八部大人（大可汗）。唐亡，耶律阿保機統一契丹八部。

五代時，劉仁恭據幽州，自立爲燕王。父子苛政擾民，漢人相率逃入契丹，耶律阿保機善加存撫，民心歸之。

後梁貞明二年（西元九一六年），耶律阿保機稱帝，定都上京（熱河林東），是爲契丹太祖。以漢人韓延徽爲幕僚長，從事漢化運動，文物制度，悉如漢制，國勢大盛。西北邊疆少數民族誤以契丹爲中國，故有稱契丹爲中國者。

契丹幅員東至日本海，西達天山，內外蒙古均在其勢力範圍，地方五千里，擁兵三十萬，成爲匈奴、突厥以後的塞外大國。

由於契丹勢力直抵日本海，日本深受威脅，醍醐天皇遣使入貢，據「遼太祖本紀」云：

「天贊四年（西元九二七年），日本國來貢。」

而石敬瑭爲爭帝中原，亦不惜向契丹稱臣、稱子。契丹太宗耶律德光時擧兵南犯，册立石敬瑭爲晉帝，爲外族在中國建立傀儡政權之始；割取燕、雲十六州，以幽州（北平）爲燕京，雲州（山西大同）爲西京，並歲取帛三十萬疋於晉。契丹的疆域遂伸展至長城以南。

後晉出帝重貴與契丹關係破裂，契丹太宗二次入寇，攻陷汴京滅晉，謀自帝中國。嗣以各地蠭起反抗，擊殺契丹守將，契丹太宗懼而引軍北歸，中道病歿於欒城。兄子兀欲繼立，是爲契丹世宗，好酒色，被弒。遼人立太宗子述律，是爲遼穆宗。

遼穆宗嗜酒好殺，不理政事，周世宗柴榮乃攻取瀛、莫、易三州，遼穆宗爲近侍所弒，遼人復立世宗子宗賢，是爲遼景宗。

二　宋太宗伐遼

宋開寶八年（西元九七五年），宋太祖崩，三弟趙光義卽位，是爲宋太宗。

世傳「燭影斧聲」，光義弒兄逆案，事出宋李燾「續資治通鑑長編」與吳僧文瑩「湘山野錄」的渲染所致。按太祖逝世之頃，光義在南府，宦者王繼恩中夜急詣府邸相報，光義始入宮舉哀；足見世傳：「匡胤不悆，夜召光義屬以後事，左右皆不得聞，但急見燈影下，光義時或離席，若有遜避之狀。已而，匡胤引斧柱戳地，大聲謂光義曰：『好爲之』。俄而卽沒，時漏下四鼓矣。」當非事實。故清人徐乾學：「資治通鑑後編」，力闢此謀逆疑案。

宋太平興國四年（西元九七九年），宋太宗既滅北漢，北漢向以結遼自固，於是欲乘勝恢復燕、雲諸州，遂進圍幽州，順州（河北順義）、薊州（河北薊縣）均降。遼景宗命將耶律休哥來援，兩軍戰於高粱河（北平西直門外），宋太宗督師大敗遼軍。旋遼援軍大至，猛攻宋軍，宋軍大挫，死者萬餘，太宗袍中二箭，乘驟車避走。

翌年，遼將耶律沙大舉入寇，宋太宗率師迎擊，宋將楊業雖有雲州之捷，但燕州戰事不利，遼兵出圍安橋關，渡河猛犯，宋軍敗退莫州。

宋太平興國七年（西元九八二年），遼景宗在位十四年死，子隆緒卽位（時年十二），是爲聖宗，蕭太后當國。

宋太平興國八年（西元九八三年），遼復號「大契丹」。宋太宗以契丹「主少國疑」，俟機討之。

三　宋太宗命王氏高麗伐契丹（遼），王氏高麗依違不從

宋太平興國八年（高麗成宗二年）多，契丹興兵渡梅河（鴨綠江），侵高麗北壤的女眞地，女眞朝宋指控高麗與契丹互通聲氣，宋太宗乃命高麗出兵伐契丹。

此時，高麗由成宗王治主政，勵精圖治，蔚成治世。

宋雍熙二年（高麗成宗四年、契丹聖宗統和四年、西元九八五年），宋太宗以高麗未遵命擊契丹，特遣「監察御史」韓國華往高麗，促高麗成宗迅卽出兵，配合宋師作戰，以張犄角之勢。王氏高麗雖視宋爲宗主國，然以契丹之勢正盛，「兩大之間難爲婦」，高麗成宗愛莫能助，對宋太宗之命，唯有「依違不從」。

宋雍熙三年（西元九八六年），宋太宗爲雪前耻，乃遣曹彬、宋信諸將二次北伐契丹。三道並出；東路由雄州直趨幽州，爲宋軍主力；中路出飛狐口；西路出雁門關，以牽掣契丹軍。不僅在收復山前諸州（幽、薊），並擬收復山後（雲、朔）等州。

戰事初起，宋軍奏捷，曹彬取涿州，乘勝攻寰（山西朔縣東）、雲、應（山西應縣）諸州。會契丹將耶律斜軫率援兵來擊，米信所率西路軍敗績；楊業約米信據陳家谷（山西朔縣）會攻契丹軍，及期米信失誤，楊業與子等數百人戰死；而幽州契丹將耶律休哥以輕騎兵阻曹彬糧道，彬因後路被擾，軍糧供應不繼，士卒因憊，引軍而退，耶律休哥尾擊於岐溝關（河北易縣），彬軍死者過半。

從此，宋爲契丹所輕，契丹雄據北方，歲時越境刼掠人貨，宋無力驅散，唯有加强防禦。

肆　契丹（遼）稱兵，王氏高麗背宋

一　契丹稱兵王氏高麗

中原五代之亂，後雖由宋之崛起與統一，而告終；唯局勢的演變，竟形成新興的宋與雄據北方的契丹（遼）南北對峙。高麗處於南北兩大勢力衝突之間，立場困難；惟對契丹終以「夷狄」視之，對宋則素以「正統」目之。

宋與契丹之衝突，宋時遭不利，迨契丹聖宗卽位，年幼由母后蕭氏攝政，宋太宗以爲有機可乘，興兵攻之，竟遭大敗。契丹因高麗與宋接近，而高麗的「北進主義」與契丹的「東進政策」，尤使兩國關係，無法協調。

契丹爲欲恢復朝鮮半島舊壤，東京（遼寧遼陽）留守蕭恆德（遜寧），於宋太宗淳化四年（契丹聖宗統和十二年、高麗成宗十二年、西元九九三年）藉詞「高麗侵略高句麗舊地」，且「越海事宋」爲由，稱兵攻入王氏高麗西北邊境。

高麗成宗命「侍中」朴良柔將上軍、「內史侍郎」徐熙將中軍、「門下侍郎」崔亮將下軍，以禦契丹軍。高麗成宗親至西京督師，軍次安北府（平安道道安州），高麗先鋒部隊爲契丹軍所消滅，朝野震動。

高麗成宗會集羣臣商決和戰，或謂使重臣乞降；或謂割西京以北地請和；獨徐熙不主割地求和，高麗成宗因命徐熙至契丹軍營談判。據「朝鮮史略」云：

「徐熙奉國書如丹營，遜寧欲令拜於庭；熙據禮往復不屈，乃升堂行禮，東西對坐。遜寧語熙曰：『汝國與新羅地；高麗之地，我所有也，而汝侵蝕之。又與我連壤而越海事宋，是以來討。』熙曰：『我國卽高句麗之舊也，取號高麗，若論地界，上國之東京皆在我境；何得謂之侵蝕乎？鴨綠江內外亦我境內，今女眞盜據其間，朝聘之不通，女眞之故也。』辭氣慷慨。遜寧知不可强，遂據以聞，丹帝（指契丹聖宗）許和，勅罷兵。」

王氏高麗與契丹和議既定，高麗擬奉契丹年號，契丹將鴨綠江以東數百里地贈之。契丹得到精神上的勝利，高麗却獲得數百里土地的實惠。高麗闢其地爲興化（義州東）、龍州（龍川）、通州（宣川西北）、鐵州（鐵山）、龜州（龜城）、郭州（郭山）等六城。

二　王氏高麗背宋

宋太宗淳化五年（契丹聖宗統和十三年、高麗成宗十三年、西元九九四年），王氏高麗奉契丹正朔，並遣「侍中」朴良柔出使契丹，另以元郁使宋，請兵復仇，宋以北邊小康見拒，遂與宋斷絕邦交。

自此，王氏高麗與契丹維持十八年的宗主關係。

伍　宋與契丹「澶淵之盟」

一　契丹入寇

宋至道三年（西元九九七年），宋太宗崩，子趙恆繼位，是爲宋眞宗。

宋景德元年（契丹聖宗統和二十三年、西元一〇〇四年），契丹聖宗與蕭太后率兵二十萬大擧南犯，直逼澶州澶淵郡（河北濮陽），去宋都汴梁僅三百里，擧國震驚，南遷之議紛起，人心浮動。宰相寇準審時應變，力斥遷都之害，勸眞宗親征，眞宗納準議，渡河至澶州（河北密雲）督師，宋兵在戰地見帝督戰，士氣轉盛，高呼萬歲，聲聞數十里。

宋乘勢進擊，契丹將蕭撻凜出陣督戰，中流矢，契丹士氣一挫。楊延昭（楊業子）擬乘勝北伐，其曰：「契丹頓兵澶淵，去境千里，人馬俱乏，雖衆易敗。凡有剽略，率在馬上，扼其要路，衆可殲焉，卽幽、易數州，可襲而取。」眞宗畏戰苟安，拒納延昭議。

二　「澶淵之盟」

宋眞宗遣使與契丹議和，契丹以懸軍深入，河北諸州多未能下，宋人堅壁淸野，聚兵城內，隨時可斷其歸路，絕其供給，於是和議成立。宋歲以銀十萬兩、絹二十萬疋輸契丹；契丹主以兄禮事宋帝；宋帝以叔母禮事契丹蕭太后；二國於邊境置場互市。史稱「澶淵之盟」，宋居下風。

澶淵會盟後，宋、契丹雖保持一百一十九年和平局面（宋景德元年至宋徽宗宣和四年），但契丹每趁宋外患之際，從中要挾勒索；如宋仁宗康定元年（西元一〇四〇年），夏犯宋，契丹脅宋增加歲幣。宋不堪其擾，故其後聯金驅契丹。

陸　夏的叛變與宋夏和戰

一　夏的崛起

黨項酋長拓跋赤辭屬鮮卑族，於唐貞觀初率部歸唐，唐太宗賜姓李，居之北邊。其後裔有居夏州（陝西橫山西）者，號「平夏部」。

唐末，據慶州（甘肅慶陽）的平夏部酋長拓跋思恭，助唐平黃巢之亂有功，授「夏州節度使」，轄夏、銀（陝西米脂西北）、宥（陝西靖邊）、靜（米脂西）、綏（陝西綏德）五州。唐賜思恭姓李，封「夏國公」。

夏位於宋的西北，通稱「西夏」。歷五代至宋初，均臣屬中國。

宋太平興國五年（西元九八〇年），夏主李繼捧立，宗族內亂，繼捧不能撫輯，乃於宋端拱元年（西元九八八年）率部分族人入朝，並納五州地於宋，繼捧留居京師，宋太宗賜姓名趙保忠。繼捧從弟繼遷不服，率族人竄至地斤澤（夏州東北），勾結遼人，宋淳化元年（西元九九〇年），遼封繼遷爲夏王，並妻以宗室女。

其後數年，繼遷挾遼勢，盡復夏、銀、綏、宥、靜五州。宋眞宗咸平五年（西元一〇〇二年），攻陷靈州（寧夏靈武）。

二　宋夏和戰

宋咸平六年（西元一〇〇三年），李繼遷攻西番（吐蕃），取西涼府（甘肅武威），繼遷為西番所敗，中流矢死，子德明繼立，於宋眞宗景德三年（西元一〇〇六年）奉表歸順。但德明仍與遼結，受遼「大夏國王」封號。

宋仁宗明道元年（西元一〇三二年），德明卒，子元昊繼立，雄毅有權謀，號令嚴明，西破西番、回鶻（紇），據有今寧夏、陝西、甘肅大部地，國勢益強，與宋、遼成鼎足之勢。

元昊深慕漢化，模仿中國文物制度，改革政府組織，命官蕃、漢並用，於是不得志漢人多往投效。元昊令人創製夏字，翻譯漢文及佛教經典。嗣元昊不願臣事宋、遼，於宋仁宗寶元元年（西元一〇三八年）稱帝（景宗），國號「大夏」，都興慶（寧夏銀川）。

宋仁宗康定元年（西元一〇四〇年），元昊攻延州（陝西膚施），大敗宋軍，宋派韓琦、范仲淹等力籌西疆戰守。

宋仁宗慶曆元年（西元一〇四一年），夏入寇，韓琦遣任福禦之，至好水川（甜水河，位甘肅隆德東）為夏兵圍困，宋軍萬餘人盡沒。從此，夏人氣燄大盛，剽掠不已。

宋、夏交戰，元昊雖屢勝宋師，但范仲淹以「堅壁清野」困夏軍，夏雖善戰，而終不能得志，傷亡消耗亦大，境內又發生饑荒，國土貧瘠，人財兩乏，不堪久戰，復利宋的歲賜，遂與宋言和。

宋慶曆四年（西元一〇四四年），元昊上表稱臣，宋册封爲「夏國王」，歲賜銀七萬二千兩、絹十五萬三千疋、茶三萬斤。然夏雖對宋稱臣，實則爲獨立國家。

夏、遼相結，相互爲用，及元昊嗣位，對遼漸不聽命，待遼公主亦甚薄。宋慶曆四年，遼興宗征夏，夏人堅壁清野，大敗遼軍。

宋慶曆八年（西元一〇四八年），元昊爲子諒祚所弒，諒祚嗣立，是爲毅宗，宋封之爲「夏國王」。

宋仁宗皇祐元年（西元一〇四九年），遼興宗自將伐夏；宋皇祐二年（西元一〇五〇年），遼、夏講和，夏仍向遼稱臣。

宋英宗治平四年（西元一〇六七年），諒祚死，子秉常立，是爲惠宗，又復入寇。

宋神宗元豐四年（西元一〇八一年），宋乘夏內亂，宋軍五路伐夏，夏人騎兵抄絕運道，並決河灌營，宋軍大敗。

宋元豐五年（西元一〇八二年），宋命徐禧築永樂城（陝西米脂西）以困夏，夏人來攻，數日城陷，徐禧敗死。此役宋將校死數百人，士卒役夫傷亡二十餘萬，西邊軍儲，損失殆盡。

宋哲宗元祐元年（西元一〇八六年），秉常死，子乾順立，是爲崇宗。夏仍以遼爲援，屢寇宋邊。

宋徽宗政和五年（西元一一一五年），宋遣劉法、劉仲武等大舉伐夏，爲夏所敗，劉法戰歿，宋軍死傷十萬。

夏、遼相互爲用，宋如討夏，遼爲之緩頰，宋師失利，遼則向宋勒索，因是宋不能全力對夏。此後，金人崛起北方，宋乃聯金滅遼，而夏亦困弊。

柒　王氏高麗政變，契丹藉詞侵略

一　王氏高麗政變

王氏高麗成宗在位十六年去世，姪王誦立，是爲高麗穆宗，獻哀太后皇甫氏攝政。

高麗王室，繼承新羅以來血族通婚的遺風，非僅有近親婚姻，且有近親私姦醜事。

穆宗的生母獻哀王后，與穆宗的異母獻貞王后，均是景宗（穆宗之父）之叔旭的女兒，係景宗的堂妹，但景宗另一叔郁（太祖之第五子）在景宗死後，竟同寡居之獻貞王后（即其姪女）通姦，而私生「大良君」詢（顯宗）。

先是，皇甫氏親屬金致陽，出入千秋殿，與之私通，醜聲四起，流配金致陽。及穆宗立，皇甫氏乃將之召回，驟遷「閤門通事舍人」。不數年，晉「右僕射兼三司事」，掌國政；皇甫太后居中用事，廣植親黨，賄賂公行，穆宗形同傀儡。

高麗穆宗無嗣，而高麗太祖王建之遺裔，僅存「大良君」王詢，金致陽欲立其與皇甫氏生子爲太子，以繼穆宗後，故逼使王詢出家，並縱火千秋殿，圖弒穆宗未果。

高麗穆宗在位十二年（西元一〇〇九年）病沈，皇甫太后黨謀日亟，穆宗與「給事中」

蔡忠順、「宣徽判官」皇甫義謀，決立王詢爲嗣子，迎之神穴寺；又徵調「西北面都巡檢使」康兆（一作康肇）入京衞戍。康兆奉召大喜，率軍五千馳京，道途傳聞穆宗病逝，金致陽企圖篡位，人心惶惶，康兆卽聲言靖難。軍次平州（黃海道平山郡），悉穆宗死訊不確，康兆進退維谷，遂決意廢立，領兵入宮，廢穆宗爲「讓國公」，擁立王詢，是爲高麗顯宗。康兆斬金致陽，流放皇甫太后及其黨人，穆宗請得馬兩匹，與太后共乘，康兆遣人弒穆宗於途中。高麗臣民以康兆廢立弒君，甚爲憤慨。

高麗顯宗王詢卽位後，康兆任「吏部尙書」，參知政事，獨攬軍國大權。

二　契丹「藉詞」進犯王氏高麗

契丹聖宗於統和二十九年（高麗顯宗元年、西元一〇一〇年），得知高麗政變，同年十一月，藉詞問罪，實係企圖威脅高麗，迫使顯宗入朝。旋親率步騎四十萬，號「義勇天兵」，以「北府宰相、駙馬都尉」蕭排押爲「都統」、北面林牙僧爲「都監」，討伐高麗。熟女眞（按熟女眞爲東胡族之一，唐初分黑水、粟末二部，黑水卽女眞。渤海盛時，黑水屬之。五代時期，渤海爲契丹所滅，黑水乃分二部，在南部者屬契丹，號熟女眞）獻良馬萬匹，從契丹聖宗往征高麗。

契丹軍進渡鴨綠江，圍興化鎭（平安北道義州），高麗顯宗急派康兆爲「行營都統使」

、李鉉雲、張延祐爲「行營副都統使」，領兵三十萬駐防通州（平安北道宣川郡）；另遣「中部將」智蔡文鎭和州（咸鏡南道永興郡），以備東北。契丹兵圍興化鎭，鎭將楊規，固守不降，久不能下，遂分兵二路；以二十萬兵屯麟州（新義州南部），契丹聖宗親率二十萬衆迫通州，康兆輕敵敗績，爲契丹兵所執，不屈被殺。

同年十二月，西北各城之郭山、安州、肅川相繼失陷，契丹聖宗乘勝揮軍直薄西京平壤，高麗顯宗急調智蔡文馳援。此時，高麗羣臣和議不決，顯宗終納大將姜邯瓚議，南行暫避，攜后及禁軍五十萬人，由智蔡文隨節扈從，離開京南下。但南下途中，部衆多四散。

契丹聖宗統和三十年（高麗顯宗二年、西元一〇一一年）一月一日，契丹軍攻陷開京（開城），宮殿、府署、寺廟、民宅焚於一旦，損失慘重。

此時也，高麗顯宗自楊州（京畿道）走廣州（京畿道）而公州（全羅道），聞開京破，即遣近臣河拱辰至契丹營乞和，並願親朝契丹聖宗，留河拱辰作人質。

同月十三日，高麗顯宗入羅州（全羅南道）。契丹聖宗以道途遙遠，不願驅軍深入，遂允和議，乃自清江撤師，高麗將楊規乘間襲擊，適天方大雨，駝馬疲萎，契丹兵受創甚重，聖宗無意再戰，引軍渡鴨綠江而去。

留爲人質而被擄走的河拱辰，雖受契丹聖宗的優待，但未屈節；因企圖逃走而被拘，契丹聖宗審問，拱辰慷慨答曰：「我對祖國，不可有二心；故不能臣事契丹。」聖宗義之，力

勸其改節，拱辰語益激昂，發不敬之辭，聖宗怒而處以極刑。（參考韓國史大觀）

捌　契丹侵逼日亟，王氏高麗懷德朝宋

一　契丹侵逼王氏高麗日亟

契丹聖宗自高麗班師還都，將高麗俘虜分置陵廟，賞賜王公大臣，以顯示其戰功。惟其對高麗領土財富的攫奪，固未嘗忘情也。據「遼史聖宗本紀」云：

「詳穩張馬留獻女眞人知高麗事者；上問之，曰：『臣三年前爲高麗所虜，爲郎官，故知之。自開京東馬行七日，有大砦，廣如開京；旁州所貢珍異皆積於此。勝羅等州之南，亦有二大砦，皆積如之。若大軍行，由前路取曷蘇館；女眞北直渡鴨綠江，並大河而上至郭州，與大路會；高麗可取而有也。』上納之」。

契丹軍撤師未三月，高麗顯宗返開京，遣使契丹，謝班師。

契丹撤軍，聖宗一無所獲，乃於高麗顯宗三年（契丹聖宗三十一年、西元一〇一二年）六月，使耶律行平至高麗，要求顯宗親朝履約，並交還興化、龍州（龍川）、鐵州（鐵山）、郭州（郭山）、通州（宜川）、龜州（龜城）六城（按係高麗成宗時，經高麗與契丹談判，在契丹的諒解下，由高麗領有的女眞故地）。

高麗顯宗四年（契丹聖宗開泰元年、西元一〇一三年）四月，高麗顯宗托病不能親朝契丹，派蔡忠順至契丹上表稱臣，契丹聖宗以顯宗未來親朝，深爲不滿。

高麗顯宗五年（契丹聖宗開泰二年、西元一〇一四年）九月，契丹復派李公茂至高麗，促還興化等六城，高麗一意拖延。

契丹因遣國舅蕭敵烈率兵侵通州，反爲高麗軍所敗。

高麗顯宗六年（契丹聖宗開泰三年、西元一〇一五年）一月，契丹復侵高麗，駕橋鴨綠江上，取宣化、定遠兩城，圍興化、通州。

同年三月，契丹軍破龍州。

同年四月，契丹軍凱旋。

二　王氏高麗懷德朝宋

高麗因契丹一再凌辱侵迫，油然而生思宋故情。

宋眞宗大中祥符九年（高麗顯宗七年、西元一〇一六年），高麗派「侍郎」郭元、「內史舍人」尹徵古朝宋，請歸附如舊。

宋眞宗對高麗願恢復舊好，頗爲嘉納，詔令登州（山東蓬萊）置館接待高麗使者，蓋宋都開封，而登州與萊州（山東掖縣）二地，爲高麗使者往返必經之地也。

同年，高麗復行宋年號。自是，宋與高麗中斷二十二年之久的邦交，重告恢復。惟宋室國勢不振，不能有助於高麗對抗契丹也。

玖　宋對王氏高麗的浸厚與王氏高麗對宋的感德

一　宋對王氏高麗的優渥

宋與王氏高麗復交後，兩國在外患頻仍中，使節往返甚密，自足予兩國精神上的相互支持。

宋對高麗使臣頗爲厚待；高麗使臣朝宋，輒偕大批隨員，例如：

宋眞宗天禧五年（西元一〇二一年），高麗顯宗王詢遣「告奏使御史禮部侍郎」韓祚等一百七十九人來宋謝恩。

宋仁宗天聖八年（西元一〇三〇年），高麗顯宗遣「御史民官侍郎」元穎等二百九十三人，奉表貢金、銀、參、布等。

宋神宗熙寧三年（西元一〇七〇年），高麗文宗王徽遣「民官侍郎」金悌等一百十人，奉表入貢。

宋室款待高麗使臣，縻費甚鉅，「館遇燕賚賜予之費，以鉅萬計」，對高麗國君亦有饋贈。如：

宋太宗淳化四年（西元九九三年），賜贈高麗成宗衣段二百匹、銀器二百兩、羊五十口。

宋神宗元豐二年（西元一〇七九年），高麗文宗遣使貢日本車，宋神宗特賞萬縑。而宋神宗每次頒賜高麗的書詔，必選詞臣著撰，而「擇其善者」採用。

宋哲宗元祐五年（西元一〇九〇年），嘉許高麗復通使，賜銀器五千兩。

「吏部尚書」蘇軾謂：「高麗入貢，無絲髮利」；「御史」胡舜陟亦云：「高麗糜敝國家五十年」。蘇、胡的言論，是基於國家財政的鉅額支出而言，卻忽視外交的運用。

二　王氏高麗對宋的感德

宋室對王氏高麗固浸厚之甚，而高麗對宋亦誓心報效，例如：

宋淳化元年（西元九九〇年），太宗加高麗成宗食邑千戶，遣「戶部郎中」柴成務爲使。

先是，宋使每至高麗，高麗必擇良月吉日具禮受詔；惟此次短期無吉日，成務在客館苦等月餘，仍無受詔日期，忿而書寫一措辭典雅而嚴峻的照會致高麗成宗說：

「王奕葉藩輔，尊奬王室；凡行大慶，首被徽章。今國家特馳信使，以申殊寵；非止歷川塗之綿邈，亦復蹈溟海之艱危；皇朝睠遇，斯亦隆矣！而乃牽於『禁忌』，泥於『卜數』

；眩惑日者之浮說，稽緩天子之命書。惟典册之垂文，非卜祝之能曉；是以書稱上日，不推六甲之元辰；禮載仲多，但取一陽之嘉會；粲然古訓，足以明稽；所宜改圖，速拜君賜。儻鳳綍無滯，克彰拱極之誠；則龍節有輝，免貽辱命之責。謹以誠告，王其聽之。」

高麗成宗閱書，既慚且懼，卽派使謝罪。適逢天雨不停，高麗使者請求天晴立卽受詔，成務不允，再函切責。高麗成宗翌日拜受詔書。

由此一例，可證高麗對宋帝書詔之重視，儀式之隆重。

宋神宗熙寧元年（高麗文宗二十二年、西元一〇六八年），宋使黃愼至高麗，文宗王徽大悅，優禮之。

宋神宗元豐元年（高麗文宗三十二年、西元一〇七八年），宋「左諫議大夫」安燾、「起居舍人」陳睦，乘「凌虛安濟致遠」與「靈飛順濟」兩艦，號爲「神舟」，自浙江定海東航，齎宋神宗詔書至高麗，高麗文宗具袍笏玉帶親拜受詔，以別宮充宋使行館；採尊宋「如天」之義，榜宋使行館曰：「順天館」。

由此可證宋與王氏高麗復交後，兩國邦交的親善。當宋仁宗、英宗、神宗之世，中國英才輩出，文物光盛，高麗對之不勝欽慕，欲造大船通宋，惟恐觸怒契丹，未果。

宋神宗元豐六年（西元一〇八三年），高麗文宗逝世，宋神宗震悼，除下詔在明州（浙江寧波）修浮屠供一月外，並派楊景略、王舜封祭奠，錢勰、宋球弔慰。

由於宋對王氏高麗的浸厚，高麗基於生存之道，不能不週旋契丹，然終宋之世，高麗對宋心悅誠服，不越外交常軌，此未始不是宋對高麗外交上的成功。

三　王氏高麗對宋趨事執禮之勤

由於宋帝對王氏高麗的綏懷，高麗對宋趨事執禮，恪恭明命。茲據宋「尚書刑部員外郎」徐兢的「宣和奉使高麗圖經」，以見高麗對宋頒詔之重視。

(一)　迎詔

「『使副』奉詔入順天館，十日內卜吉，王乃受詔。前期一日，先遣『說儀官』與『使副』相見。次日，遣『屈使』一員至館，都轄提轄官對捧詔入采輿內，儀仗兵甲，迎導前行，『使副』『館伴』『屈使』同上馬，下節在其前步行，上中節騎馬後隨。國官先於館門外排立，候詔書出館，當道再拜訖，乘馬前導。至王府，入廣化門，次入左同德門，至昇平門外，上中節下馬，引接指使等馬前步行，上節後從。入神鳳門，至閶闔門外，『使副』下馬。國王與國官，以次迎詔，再拜訖，采輿入止會慶殿門外。」

(二)　導詔

「采輿既入止會慶殿門外，『都轄』『提轄官』自輿中捧詔出，奉安於幕位，『使副』少憩，國王復降門下，西嚮立，『使副』與國王並行，尊入中門，上節禮物等，分兩序入會慶殿下，以俟國王受詔。」

(三) 拜詔

「國王導詔入會慶殿，廷下設香案，面西立，『使副』位北上，面南立，『上節官』以次序立於『使副』之後，國官立班於王之後，王再拜躬問聖禮，乃復位，舞蹈再拜已，國官舞拜，如王之儀。『國信使』稱有敕，國王再拜起，躬聽口宣，乃搢笏跪，『副使』以詔授使，使以詔授王，詔曰：『高麗國王王楷（按楷為高麗睿宗之長子，年十四卽位，是為高麗仁宗），遜聞嗣國，甫謹脩方諒，惟善繼之初，克懋統承之望，遽經變故，深劇傷摧，肆諡命使之華，往諭象賢之寵，載蕃賫予，併示哀榮，宜祗服於王靈，用永遵於侯度。今差『通議大夫守尚書禮部侍郎元城縣開國男食邑三百戶』路允廸、『太中大夫中書舍人清河縣開國伯食邑九百戶』傅墨卿充國信使副，賜卿國信禮物等，具如別錄，至可領也，故茲詔示，想宜知悉，春暄，卿比平安好，遣書指不多及。』王受詔，乃授國官，出笏，舞蹈如初之儀，國官亦如之。」

(四) 起居

「『使副』既導詔至於廷，王再拜興，避席，躬問聖體，使亦避席，躬答曰：『近離闕下，皇帝聖躬萬福。』各復位拜舞，如受詔之儀。先是，自全抵廣，凡三州牧問聖體，如王之儀，至其接送館伴官相見，亦如之。」

拾　王氏高麗對契丹的妥協

一　王氏高麗大捷契丹軍

王氏高麗顯宗不僅未將成宗以親朝契丹，而取得鴨綠江東北女眞之地（新闢興化、通州、龍州、鐵州、龜州六城）歸還契丹，更而與宋恢復邦交，致遭契丹之怒。

契丹聖宗開泰七年（高麗顯宗九年、西元一〇一八年），契丹聖宗派東平郡王蕭排押，率師攻高麗，高麗顯宗命姜邯瓚爲「上元帥」、姜民瞻爲「副元帥」，領兵二十萬禦之。邯瓚等屯兵寧州（平安南道安州），進至興化，用大繩穿貫牛皮，堵遏城東大川（三橋川），待契丹迫近時，突然決開，大兵迎戰，大敗契丹軍，蕭排押引兵直趨開京，民瞻等於慈州（慈山）又擊敗之；排押回兵，邯瓚又邀擊之於龜州，契丹軍潰退，屍骸徧野，高麗軍獲駝馬軍器無數。契丹軍十萬之衆，生還者僅千人。

此役爲高麗與契丹八次戰役中的首次大捷。當時高麗朝野，幾入狂歡狀態；傳姜邯瓚等凱旋時，顯宗親迎至迎波驛（義興驛），搭綵棚，奏鼓樂，大設盛宴以勞軍；顯宗並親插金花八枝於邯瓚之首。「高麗史」譽邯瓚與擊敗百萬隋軍於淸川江之高句麗乙支文德，同爲「

海東名將」。

二　王氏高麗厭戰與契丹妥協

翌年八月，契丹復攻高麗，交戰三月，高麗厭戰，以不能長期與契丹頡抗，遣使上表契丹，稱藩納貢。據「朝鮮史略」云：

「遼嘗欲過鴨綠江爲界，寅亮（按朴姓，高麗顯宗朝右僕射參知政事）修表曰：『普天之下，既莫非王土王臣，尺地之餘，何必曰我疆我理？』又曰：『歸汶陽之舊田，撫綏弊境，回長沙之拙袖，忭舞昌辰。』遼帝（指契丹聖宗隆緒）覽之，寢其議。」

契丹亦因連年用兵而疲憊，遂允與高麗言和，但仍未能收回與化六城。

高麗於顯宗十三年（契丹太平二年、西元一〇二二年），復奉契丹年號（兩國關係維持至遼天祚帝爲宋、金所滅止），惟對宋繼續通好。

拾壹　宋嚴禁地圖流入王氏高麗與契丹

一　宋防範王氏高麗使臣從事諜報工作

由於王氏高麗對宋與契丹，採取雙邊外交關係，因此，宋對高麗使臣，雖以禮遇，但密切注意彼等行動，凡有關國防機密者，宋人更提高警覺，以防範高麗使臣從事諜報工作。茲舉文獻二則以證：

沈括「夢溪筆談卷十三」云：「熙寧中（宋神宗年號），高麗入貢，所經州縣，悉要地圖，所至皆造送。山川道路，形勢險易，無不備載。至揚州牒取地圖，是時，丞相陳秀公守揚，紿使者欲盡見兩浙所供圖，仿其規模供造；及圖至却聚而焚之，具以事聞。」

高麗使臣對中國地圖，記載如斯詳盡，當別具用心矣。

張方平集「請防禁高麗三節人事條」云：「臣切聞高麗國進奉使人下三節人，頗有契丹潛雜其間，經過州縣，任便出入街市買賣，公人百姓祇應交通，殊無檢查；所至輒問城邑、山川、程途、地里、官員、戶口，至乃圖畫標題，意要將還本國。自明州至京水路三千餘里，昨淮浙饑疲，公私凋耗，國之虛實，豈宜使番夷細知？」

高麗使臣中，潛雜契丹人，彼等對中國地理、人物、圖畫標題，不厭求詳，頗堪注意。

二　宋重視國防機密，嚴禁地圖外流

先是，宋仁宗於皇祐五年（西元一〇五三年），已防範中國地圖流入高麗、契丹、夏（夏亦宋外患之一）；據「長編卷」云：「皇祐五年二月癸巳，詔『儀鸞司』：『自今毋得以天下州府圖供張都亭驛（按京師驛舍）。』初，『戶部副使』傅永言：『奉使契丹，而接伴者問益州事；且云曾驛中畫圖。』故請禁之。」另「宋會要稿」（職官三六國信所條）亦云：「皇祐五年二月二十一日詔令『國信所』，申明舊條，密諭河北州軍：『今後使驛舍，不得供設置州府圖障。』先是，『戶部副使』傅永言：『臣昨奉使契丹，接伴副使李翰問益州事，臣詰其由，乃嘗於都亭驛見益州圖。』詳此非便，故有是命。」

宋神宗元豐元年（西元一〇七八年），遼人（按宋英宗治平三年、西元一〇六六年，契丹復稱遼）入宋秘密繪畫地圖，即爲宋吏收捕。按據「宋會要稿」云：「元豐元年十一月二十五日，知定州韓絳言：『北人郝景過南界榷場，闇畫地圖，已密遣人收捕。』」

足證宋人對國防機密的重視，嚴禁地圖外流之一斑。

拾貳　北宋時期中日關係與日本遣使貢遼

一　追溯中日關係的淵源

中國與日本，誼屬同文同種國家，不僅是兄弟之邦，且是唇齒相依，在地理上，一衣帶水（日本海）之隔，關係密切；（當中生代Mesozoic era時，中國東部與朝鮮、日本相連。迨新生代Cainozoic era初，亞洲東北部與美洲西北部毗連之處，被海水沖斷，形成白令海峽；日本西部與亞洲東部毗連之處，亦因地殼變動，陷落而成日本海，致與大陸隔斷。）在歷史上，日本恪修貢職，淵源尤深，遠在周代，已有「倭人貢鬯草」（論衡儒增篇）及「南倭北倭屬燕」的紀錄（山海經）。

日本位於亞洲東北部，屹立東海。最初居住日本島上的民族，是來自亞洲西部的「舊蝦夷族」。遠在三千年前，他們東經西伯利亞而至日本。初時，他們勢力很大，種族散布於日本各地。其後，亞洲東北部的「通古斯族」遷入，由於文化較高，隨着武力的擴張，舊蝦夷族被逐回舊日根據地的日本東北部（時至今日，他們的後裔，仍然存在日本東北部的北海道），通古斯族驅走舊蝦夷族後，以大和（奈良）為根據地，經略四方，奠立日本建國的基礎，成爲日本民族的主幹，日史稱之「原日本人」，亦卽「大和民族」。

日本民族，除上述的先住民族之外，尚有來自一海之隔的「朝鮮人」（韓人），及自南方渡海而至的「印度支那族」，以及來自菲律賓的「馬來人」。至於「漢人」渡日，大抵經由朝鮮半島而往，蓋因秦、漢時期的戰亂而避往三島，雖然爲時較晚，可是對日本文化的影響，以及國家的建設，均有莫大的貢獻。

日本人自稱他們在西元前六六〇年，由天照女神的孫子神武天皇建國。這就是「萬世一系」的日本天皇的「開山祖」。這個時期相當於周惠王十七年。

秦始皇初併天下，甘心於神僊之道，遣徐福、韓終之屬，多齎男女入海，求神採藥；這時是日本孝靈天皇時代。可是徐福載船入海後，「求蓬萊神仙不得，徐福畏誅，不敢還，遂止此洲。」（後漢書東夷傳）據近人的考證，海上三神山（戰國時代傳說三神山上，生有長生不老仙藥）之一的「蓬萊」，就是日本列島；而徐福入海所到的地方，也就是日本。現在日本尚存有徐福墓祠。其他諸如日本學者所著的「徐福碑」、「風土紀」、「孝靈通鑑」等，均對徐福東渡，記載甚詳。此點可說明，自戰國時代至秦，山東沿海，尤其琅琊一帶的對外交通，遠在二千一百九十餘年前，中國人的足跡，已到達現今日本地方，而隨同徐福偕往的數千童男女的居留日本，自然構成日本民族的一部分。

漢武帝北伐匈奴，西通西域，西南經略西南夷，南平百越，東征衞氏朝鮮，漢室聲威大振；中國人以「漢族」見稱於世界者，即在此時。

漢武帝既滅衞氏朝鮮，自是，朝鮮半島北部，臣服中國達百年之久，而南部的馬韓、辰韓、弁韓，史稱「三韓」，亦逐漸接觸中國文化。日本九州地方的倭人，因地近朝鮮半島南端，渡海方便，於是將中國文化間接輸入本國。

日本因震於漢武帝聲威，於是通使中國。

東漢光武時期，日本遣使朝賀，光武帝賜以印綬。

魏文帝即位，公孫淵（康子）自爲「燕王」，擅不奉召，並勸誘鮮卑族人，侵擾北方。於是魏文帝遣司馬懿征遼東，斬燕王父子，浮海收帶方、樂浪等地，控制朝鮮半島，威震海表。日本震於魏國的強盛，遂遣使通好。

洛陽是當年的魏都，是中土莊嚴都城的所在地，日人四次入貢，於觀光上國之後，不無促動向化之動機。

當中國魏晉之際，中國和朝鮮半島都有戰亂，中國人民紛紛前往三島避難，這批人大都瞭解中國文化，有專門技術，到達日本之後，頗受日本貴族的優禮。他們對於促進日本政治文化的進步，有很大的貢獻，於是日本文化逐漸深染中國文化的色彩，不復是單純的日本文化。

晉武帝時，日本繼續遣使人貢；中國文字經朝鮮半島的「百濟」輸入日本。

五胡亂華，鮮卑族新起於遼西，掠有遼東西之地，使晉室與朝鮮半島領土的樂浪、帶方，斷絕聯絡，因之，中日交通受阻，中日邦交中斷約一百四十七年。迨東晉安帝十四年（西元四一八年），大將劉裕北伐，先克洛陽，後克長安，征滅後秦，聲威轉壯，日本復遣使入貢。

南北朝時代，宋武帝頒給日本詔書；終劉宋一代，凡六十一年間，日本曾八次朝獻，歷仁德、履仲、允恭、安康、雄略五帝，宋廷均以「將軍」封號，頒賜日皇。齊高帝援前朝例，進封日皇武（雄略）爲「鎮東大將軍」。惟當此時，日本皇族對於皇位之爭，日趨激烈，雄略天皇致力討平皇室內訌，引起骨肉殘殺。故自宋順帝昇明二年至蕭齊一代，日本未嘗來朝，齊高帝對日本之授爵，僅係外交形式而已。梁武帝時，進武號「征東大將軍」。在此時期，日本因皇位之爭，結果日廷大權旁落，漸移於中央豪族之掌握。

隋文帝開皇二十年（西元六〇〇年），日本推古天皇繼雄略天皇之後，使停頓一百二十二年之久的中日邦交，重告恢復。

日本經魏、晉、南北朝以來的入貢中國，於瞻仰中國文物敎化之餘，向化之心，早已萌芽。加之漢字、漢學的輸入，日本朝野對中國經典已略有所窺，欽慕之心，油然而生，日本上下均持同一願望，冀能建立一「華化國家」。爲達成此一計畫的實現，於是有「遣隋使運動」，以便將中國文化作有系統的輸入。日本於是由漫無目標的隨意行動，變爲有計畫的積極行動，來爭取中國文化的輸入。

唐初，文治武功，彪炳史乘。就文治言：唐太宗貞觀時代的政績，至今仍為史家所樂道；就武功言：唐太宗北破突厥，聲威所暨，異國君長，羣尊為「天可汗」。四方異族，經唐太宗、高宗二帝的經略，無不威服。唐代版圖之大，東達日本及朝鮮半島，北指大漠南北，西逾葱嶺而至波斯，西南則吐蕃稱藩，兵力遠達印度，故印度支那半島及南洋各國，均遣使來貢。亞洲大陸幾為唐代所獨覇，國勢之盛，中國史上除元朝外，無一朝代可與抗衡。唐以東方共主姿態出現，建立亞洲唯一大帝國，為第七世紀以來三百年間，世界上最文明而又繁榮的國家，亦為中國史上最光榮的盛世。至今世界各地，仍沿用「唐人」稱呼我中華民族，實肇基於當年大唐帝國之聲威耳。

隋亡唐興，日本留學生與學問僧先後返國，上奏舒明天皇說：「大唐國者，法式備定，珍國也。」（日本書紀）於是日本智識階級，咸以「景慕之情懷，模仿之欲望，勃不可遏」的興奮情態下，繼續攝取中國的優秀文化，因而繼「遣隋使運動」之後，復有「遣唐史運動」之舉。「遣唐使運動」自日本舒明天皇二年（唐太宗貞觀四年、西元六三〇年），犬上御田鍬使唐起，至宇多天皇寬平六年（唐昭宗乾寧元年、西元八九四年）止，前後共十九次，達二百六十四年之久，為世界史上極可注目之事。「遣唐使」的來華，除使臣外，必伴有大批的留學生與學問僧。

西元六四五年（唐太宗貞觀十九年），孝德天皇即位，改元「大化」（日本有年號之始），下詔革新政治，史稱「大化改革」。自此，日本自神武開國以來，幼稚而不健全的「氏族政治」，從此結束。大化革新的中心人物，除中大兄皇太子與「內大臣」中臣鎌足之外，尚有孝德天皇之師高向玄理與僧旻二人，他們留學隋都，深受中國文化的陶冶，而又敬服唐初貞觀之治的政教制度，他們受委爲「國博士」，遂以唐制爲藍本來改革國政。（關於日本遣隋使與遣唐使運動，筆者著有「隋唐與後三韓關係及日本遣隋使遣唐使運動」一書，中華書局出版，可資參考）

日本自大化改革後，由於日本的長於模仿，勇於負責，故成效已見。當此時期，朝鮮半島適有戰爭，蓋半島新羅、高句麗、百濟三國，以新羅事唐最恭，但百濟恃高句麗之援，時對新羅侵迫，新羅乃乞援於唐。唐顯慶五年（日本齊明天皇復辟之六年、西元六六〇年），唐高宗命蘇定方由成山（山東成山角）渡海，大敗百濟軍於熊津江（錦江口），繼水陸並進，圍攻百濟國都泗沘城（扶餘），百濟王走熊津被俘，唐置「熊津都督府」治理其地。唐龍朔元年（日本齊明天皇復辟之七年、西元六六一年），百濟故將福信據周留城（扶安），迎王子（豐）往日本求援，齊明天皇派太子（天智）往筑紫部署軍事，並以水師五千援豐，立爲百濟王，使叛唐獨立，復以兵圍熊津。唐高宗即詔劉仁軌率水師往援，又敗百濟於熊津江口。唐龍朔二年（日本天智天皇攝位一年、西元六六二年），百濟復向日本乞援，唐亦加遣孫仁師增援熊津。唐龍朔三年（日本天智天皇攝位二年、西元六六三年），劉仁軌率水師自熊津入白江（長津江）大敗日軍，日將秦田來津戰死，部卒五千全軍覆沒；劉部焚燬日艦四百艘，「煙炎灼天，海水爲赤」。百濟王（豐）投奔高句麗，王子忠、勝等率國人及日軍餘衆降唐，唐高宗詔劉仁軌受降，並遣李勣攻取高句麗，高句麗寶藏王請降，唐分其地爲九都督府，置「安東都督府」於平壤，統治高句麗與百濟。中、日自白江口之役後，天智天皇深懼唐師來征，除積極增强海防外，爲示輸誠，兩次遣使。終唐之世，日本懾於唐室聲威，翕然臣服。

日本自桓武天皇遷都平安（西京）初期，繼續遣使入唐，惟自宇多天皇寬平六年以後，「遣唐使」已告停頓。

西元九〇七年，朱全忠篡唐稱梁，遂開五代嬗遞之始，此當日本醍醐天皇延喜七年，日人以中國局勢混亂，中止遣使。此時，日本對外採取「消極態度」，中日關係賴吳越（五代時中國南方列國之一）商人的經商往來，而資溝通。吳越遞有使者至日，惟日本答覆吳越之文書，於形式上執私交體裁，避免官式文書，可知日本不視吳越爲正統。由於中原戰亂，文物散失，中國文化漸趨衰落，加之列國分立，自相割據，致啓日本輕視之心。日本自定都平安以來，由於國內長期安定，日本文化亦日漸成長矣。

惟在吳越王元瓘之世，當後唐天成二年（西元九二七年）起，日本醍醐天皇嘗遣使入遼

（契丹）；蓋畏契丹强盛故也。

北宋時期，日本文化已蔚然可觀，一面吸收中國文化，一面輸出日本文化，爲中、日文化交流之始。惟此一時期，日本實行「閉關主義」，禁止日人私自渡海。故中、日兩國亦如五代時期相似，並無國交可言；此乃宋室國力不振，日人廢止通使故也。（吾人讀史，可知外族的服叛中國，每以中國國勢的盛衰而定。）然日本於宋哲宗元祐中，復二度貢遼。

南宋時期，中、日雖無正式國交，惟因貿易關係，及民間的自由往來，國際關係迄未中斷。復因南宋文化適合日本新起「武家」的好尙，日人除大量吸收中國文化外，更將日本文化輸入中國，因而促進中、日文化的交流。

元世祖兩次征日，日人視爲「空前國難」，朝野震悸，舉國騷動。後宇多天皇更親往九州八幡祠，祈神降福日人，又宣命大神宮，以身代國難。三島之上，戰雲密布，羣情惶恐，市無糴米，百業停頓，情勢之嚴重，爲日本自神武天皇開國以來所未見。終因颱風助日，元軍於深入日本本土作戰，獲得輝煌戰果後，以風災倏起，猝不及防，致使大軍覆沈海中，日本倖免亡國之禍。

中、日兩國關係，雖因元軍東征而惡化，但日商來元貿易，迄未中斷，海上船舶航行，通暢無阻，而中國文化雖在元日戰爭狀態下，一如前代的東傳日本。對日本美術及日人的生活，多有影響及改善。（有關元代中日關係，筆者著有「蒙古元與王氏高麗及日本的關係」

一書，商務印書館出版，可資參考）

明代，中、日兩國修好，日本遣使入貢。明神宗萬曆二十年至二十六年（西元一五九二年至一五九八年），前後七年間，中國爲援助李氏朝鮮抗拒日本，結果中、日、韓三國均深受其害，蓋明室兩度援助李氏朝鮮，致令財政失却平衡；日本則因日軍之潰敗，加速豐臣秀吉的滅亡；朝鮮以本土作戰，身受七年戰禍，損失的浩大，自所難免。（有關明代中、日、韓三國關係，筆者著有「朱明與李氏朝鮮」一書，商務印書館出版，可資參考）

清代，日本斷絕海外一切交通，幾與世界隔絕，變爲閉關自守的局面，故稱「鎖國」。獨對清商貿易未加留難，惟指定長崎爲商港，至貿易額及商船數量均未受限制。清代此時國勢強大，聲威遠播海外，遂除明代海禁，准許民間自由貿易，而清廷對海外貿易亦感興趣，如康熙二十二年（日本天和三年、西元一六八三年），臺灣鄭克塽降清，清聖祖曾以臺灣之糖輸日貿易。

此時，中國學者避難至日頗多，朱子及王陽明之學術瀰漫三島，由於日本實行鎖國政策，國內因長期和平安定，從容除舊佈新，致力政經建設，成效大見。復將中國文化予以系統的整理，去蕪取精，融合而成日本的文化，故近人有以「明治時代之所以能利用西洋文化，完全靠江戶時代已培養成了可資利用的素養」（按日本江戶時代卽日本鎖國時期），誠爲識見之言。

迨日本明治維新，一戰勝我（中日甲午之戰）；再戰勝俄，日本一躍而為世界大國，中國留日學生日衆，清季之變法與革命，殆受日本維新之影響。

惟二千年來，中國所施於日本者厚，而日本報之者酷，此種情形，在日本明治維新「軍國主義」正熾，「大陸政策」產生後，益為顯著。民國成立以來，日本更復變本加厲，對我侵略。故中華民國自締造始，至八年抗戰，日本失敗止，此三十四年間，不啻為日本侵華史。惟善鄰睦友，為我傳統政策，以德報怨，更為我中華民族最高的德性，故當我抗戰勝利之日，　蔣總統秉賦中國傳統之寬容精神，不咎既往，宣示國人，以「不念舊惡」及「與人為善」之態度，對戰敗國之日本，不採報復政策，以期中日重修邦交，攜手合作。是則，不獨中、日兩國身受其利，且東亞和平亦賴而維護。反之，兩敗俱傷，中、日兩國固無前途可言，而世界和平亦永無實現之期。唇齒相依，利害攸關。民國四十一年（日本昭和二十七年、西元一九五二年）二月，日本派河田烈代表來臺北，與我「外交部長」葉公超協議「中日雙邊和平條約」，該約共十四條，主要內容有：

㈠日本放棄對臺灣、澎湖列島以及南沙羣島、西沙羣島之一切權利、名義與要求。

㈡中、日兩國在民國三十年十二月九日以前，所締結之一切條約、專約及協訂，均因戰爭結束而廢除。

㈢日本依據舊金山和約第十條規定，放棄在中國之一切特殊權利及利益。

「中日雙邊和平條約」，經中、日兩國一再協議，終於同年四月二十八日在臺北舉行簽署儀式。中國放棄一切賠償之要求，給予新生之日本以極大的鼓勵。日本政府為答謝中國之寬大政策，乃派「副首相兼國務大臣」緒方竹虎於同年七月來臺作友好訪問。蔣總統為敦睦中、日邦交，亦派「總統府資政」張羣為其私人代表，於同年八月赴日報聘。未幾，中、日兩國互派大使，我政府派董顯光為首任「駐日大使」，日本派芳澤謙吉為首任「駐華大使」，中、日兩國恢復正常外交關係。惟自田中角榮於民國六十一年七月，膺任日本「首相」後，即著手與中共「關係正常化」，繼而，中、日恢復邦交二十年後，復告中斷。

二　北宋時期中日關係

宋代立國三百二十年間，政治上畫分為北宋、南宋。北宋約當日本藤原氏全盛時期。藤原道長及其子賴通先後秉政，權傾人主。道長執政三十年，其女三人與三帝締婚，榮華富貴集於一姓，為藤原氏自光仁天皇以降，最顯赫時代。

此時，日本「莊園制度」盛行，蓋地方豪族為確保土地所有權，並免去國賦負擔，競將莊園奉獻貴族（如藤原氏因豪族之奉獻而得之領地遍及全國）及寺院，故莊園制度日趨普及，因之，公地稅收減少，國家財政大受影響。身為地方首長之「國司」，雖派「檢田使」監視逃稅弊端，惟莊園領主以「不以權」為護符，拒絕檢查，國司因不能執行政令，多不赴任。於是地方行政日趨紊亂，地方豪族趁機擴張勢力。因之，各地强有力之武士伺機興起，爲日後「武家政治」的肇基。

此一時期，日本實行「閉關主義」，禁止日人私自渡海。中、日雖無正式國交，但中、日兩國關係則持續不斷，蓋宋商與日僧肩負此國民外交使命也。玆據「文獻通考」（四裔考）擇要敍述北宋時期，中、日國民外交的大概：

㈠宋雍熙元年（日本永觀二年、西元九八四年），日僧奝然偕徒成算、祚壹、嘉因等五人，來獻銅器十餘事，及「日本國職員錄」與「日王年代紀」各一卷。自云姓藤原氏，父爲眞連（五品官職）。奝然善隸書，惟不通華言。宋太宗召見之餘，存附甚厚，並賜紫衣，翌年返國。

宋端拱元年（日本一條天皇永延二年、西元九八八年），奝然遣弟子奉表誌謝，其文曰：

「日本國東大寺大朝法濟大師賜紫沙門奝然啓：傷鱗入夢，不忘漢主之恩。枯骨合歡，猶亢魏氏之敵。雖云美僧之掘，誰認鴻霈之誠。奝然誠惶誠恐，頓首頓首，死罪。奝然附商船之離岸，期魏闕於生涯。望落日而西行，十萬里之波濤難盡。顧信風而東別，數千里之山嶽易過。妄以下根之卑，適詣中華之盛，於是宣旨頻降。恣許荒外之跋涉，宿心克協。粗觀寓內之瓌奇，況乎金闕曉後。望堯雲於九禁之中，巖扃晴前。拜聖燈於五臺之上，就三藏而稟學。巡歎寺而優游，遂使蓮花迴文。神筆出於北闕之北，貝葉印字。佛詔傳於東海之東，重蒙宣恩。忽趁來跡，季夏解臺州之纜，孟秋達本國之郊。爰逮明春，初到舊邑，緇素欣待，侯伯慕迎。伏維陛下，惠溢四溟，恩高五嶽。世超軒黃之古，人値金輪之新。奝然空辭鳳凰之窟，更還螻蟻之封。在彼在斯，只仰皇德之盛，越山越海，敢忘帝念之深。縱粉百年之身，敢忘一日之惠。染筆拭淚，伸紙搖魂，不勝慕思之至。」

日僧奝然慕念之情，躍然紙上。筆者常謂中國歷代國勢固有盛衰，惟日本國民則鮮以中國國勢之强弱而生企覦，此無他，乃中國悠久之文化，已深植日人內心深處矣。

㈡宋咸平五年（日本一條天皇長保四年、西元一〇〇二年），建州海賈周世昌，遭風漂流日本，歷時七載，始偕日人藤木吉返國。周世昌以日人唱和詩集呈宋眞宗；詞甚彫刻，膚淺無取。宋眞宗賜裝錢遣藤木還日。

㈢宋景德元年（日本一條天皇寬弘元年、西元一〇〇四年）。日僧寂然等八人來朝，不曉華語，惟識文字，繕寫甚妙，凡問答並以筆札。宋眞宗詔賜「圓通大師」法號，並賜紫方袍。

㈣宋天聖四年（日本後一條天皇萬壽三年、西元一〇二六年），明州府（浙江寧波）言：日本國太宰府遣人貢方物，未持國表，宋仁宗詔卻不收。蓋日本仍以吳越視宋，故仁宗不納。

㈤宋熙寧五年（日本後三條天皇延久四年、西元一〇七二年），日僧誠尋至臺州，止天臺國清寺，願留，臺州官上奏朝廷，宋神宗詔使來闕，誠等獻香爐、木槵子、白琉璃、五香水精、紫檀琥珀所飾念珠，及青色織物綾。宋神宗以其遠人而有戒業，以開寶寺爲款待誠尋之所，並賜同來僧人紫方袍。惟據日史「百練抄」說：「大宋皇帝獻金泥法華經及錦二十段。」此或係宋神宗贈送日廷之物，由誠尋帶返日本者。

㈥宋元豐元年（日本白河天皇承曆二年、西元一〇七八年），日本使通事僧仲回，乘宋賈孫忠之舶，攜來織絹二百疋、水銀五千兩來宋（百練抄），雖無國書，宋神宗亦照數收納，並賜仲回以「慕化懷德大師」之號，復答日本物值。故日史「善鄰國寶記」說：「是歲（承曆二年），孫忠又齎賜日本國太宰府令藤原經平之牒狀來日。」日人認爲「唐朝與日本和親久絕，不貢朝物，近日頻有此事，人以成狐疑」（百練抄）。此當指宋神宗爲答謝日本贈物，而回報之國書，惟宋以上國自居，刺激日本之自尊心，故「百練抄」有此記述。

宋重和元年（日本鳥羽天皇元永元年、西元一一一八年），宋徽宗致書日廷謂：

「矧爾東夷之長，實維日本之邦。人崇謙遜之風，地富珍奇之產。曩修方貢，歸順明時。隔濶彌年，久闕來王之義。遭逢熙旦，宜敦事大之誠。」（善鄰國寶記）

日本鳥羽天皇乃將宋徽宗國書發交朝臣覆議，屢經評議，置之不答。日本史家木宮泰彥的「中日交通史」，對此事的解釋是：

「宋帝贈物及國書事，中國歷代此例甚多。在中國爲啓撫外蕃之一種手段，不過以此表示中國之偉大，滿足其自尊心耳。故對日本常用對附屬國之態度，牒狀中有：回贈日本國、爾東夷之長等語也。日本亦尊重國家體面，力求不失自主的對等態度。所以對宋人牒狀，始則調查舊例，而於應否受其禮物，應否回禮國書等事，一再評議，經數年而始決也。」

木宮泰彥之文，對日人心理揭露無遺。固然日本文化至此時已臻成熟，故對國體觀念亦遠較古代重視，此亦情理之常，未可厚非。惟筆者有一言質諸木宮者，設若宋室國勢强大，則日本又持何種態度？觀乎日本三次入貢於遼，又藉何詞以解？

三　北宋時期中國對日貿易

北宋之世，中、日兩國關係，除日僧入宋肩負溝通外，並賴宋商至日貿易，以資維繫。北宋一百六十餘年間，日本正厲行閉關主義，禁日人私自渡海，犯禁者，必遭重罰；如日本後冷泉天皇永承二年（宋仁宗慶曆七年、西元一〇四七年），九州筑前人清原守武私自入宋，被議罪流於佐渡，同行五人皆受處罰，並沒收其貨物。日本堀河天皇嘉保元年（宋哲宗紹興元年、西元一〇九四年），前「太宰權帥權中納言」藤原伊房，私遣僧人至契丹交易貨物，遂降伊房一級，並停其「權中納言」之職。故當時往來宋、日間者，殆爲宋船，而無一日船。日本自圓融天皇天元元年（西元九七八年）至鳥羽天皇永久四年（西元一一一六年）的一百三十八年間，宋船往來日本頻繁，歲達二次以上，爲前代所未有。

宋商至日，恆依前代慣例，安置於「鴻臚館」，供應衣糧。嗣以入日者過多，日本以費用浩大，負擔太重，於是發給定期來航護照，限定年月，否則拒絕宋商登岸。但宋商以有利可圖，藉辭遇風飄來，亦能登岸貿易。

宋船航道，自明州（寧波）出發，橫渡中國東海，至肥前値嘉島，而入九州之博多灣。警固所報告太宰府，「太宰府使」及「通事」查詢來由，查驗「兩浙路市使」頒發之出國公證、船員名單（宋船約容七十人）、貨物單，而轉報京師，若許其交易，則派「交易唐物使」至博多灣處理。

宋商輸入日本的商品，以錦、綾、香藥爲主，茶碗、文具、蘇方等次之。「新猿樂記」記載日本後冷泉天皇時代，宋商輸入日本的商品：

「唐物，沈香、麝香、衣比、丁子、甘松、薰陸、青木、龍腦、雞舌、白檀、赤木、蘇方、陶砂、紅雪、紫雪、金益草、益丹、銀益丹、紫金膏、巴豆、雄黃、可梨勒、檳榔子、銅黃、綠青、燕紫、凝脂、空前、丹、朱砂、胡粉、豹虎皮、籐茶碗、籠子、犀角、水牛、如意、瑪瑙帶、瑠璃壺、綾、錦、羅、縠、吳竹、甘升、吹玉等也。」

日本自平安朝（西元七〇四至一一九二年）中葉以來，全國上下皆嗜好「唐物」。「類聚三代格」載：

「日本延喜三年（西元九〇三年）八月一日太政官官符云：『唐人之商船來著時，諸院諸宮諸王臣家等，於官使來到之前，遣使爭買，又太宰府管內富豪之輩，高價貿易，因而貨物之價值不得平準。玆禁止之。』」

「左經紀」載：

「日本長元元年（西元一〇二八年）十月十三日條記事云：『關白賴經於淸涼殿之東庇覽唐物，退返其中之普通平凡者。』」

「小右記」載：

「日本長元二年（西元一〇二九年）七月十一日條記事云：『前太宰大貳惟憲擕許多唐物入京。』」

「中右記」載：

「日本天永二年（西元一一一一年）五月五日條記事云：『觀世音寺別當羅宴者，以交易唐物爲業，富逾千金。』」

當時宋商品中，除綾、錦等織物，尙有珍奇之品，爲日本貴族生活所必需。「吾妻鏡」說：

「日本文治元年（西元一一八六年）十月二十日，源範賴歸鎌倉謁賴朝報告云：『前月二十七日入京，進獻唐錦十端、綾、絹、羅等百十端、南延三十、唐墨十廷、茶碗具二十、唐莚五十枚等於後白河院。』同時，範賴又贈唐錦、唐綾、唐絹、南延五十等於賴朝及其夫人等。」

按上述所指「唐物」，亦卽指宋商品也。

至於日本輸入宋的商品，有砂金、錦、絹、布、扇、刀、劍等物。

四 日本遣使貢遼

契丹聖宗時，國勢大張，南破宋室，北服蒙古，西臣黨項，東北收女眞，降服王氏高麗，拓地至日本海，爲契丹的全盛時代。西方國家多遣使入貢，東方的日本亦爲遼國（契丹於宋治平三年、西元一〇六六年復號遼）聲威所懾。

宋哲宗元祐六年（日本崛河天皇寬治五年、遼道宗大安七年、西元一〇九一年），日本繼五代時期對契丹朝貢之後，復二度貢遼。據「遼史道宗本紀」說：「乙亥，日本國遣鄭元、鄭心及僧應範等二十八人來貢。」

翌年，日本再遣使貢遼。據「遼史道宗本紀」說：「丁未，日本國遣使來貢。」

中國自唐末藩鎭割據以來，復經五代半世紀的大混亂，國家元氣大傷，國際地位降落。宋承五代之敝，以文臣治軍，兵多懦弱，對遼用兵喪師失地，國勢阽危，故終兩宋三百二十年間，日本未嘗遣使通好，中、日兩國並無正式邦交。

拾叁　女眞崛起建立金國與王氏高麗對女眞的關係

一　女眞崛起建立金國

女眞爲東胡別族黑水靺鞨之裔，居古肅愼地；「三朝北盟會編」說：「女眞，古肅愼國，世居混同江之東，長白山、鴨綠水之源，又名阿朮火（按出虎），取其河之名」。

唐初，黑水靺鞨附屬高句麗。玄宗時，黑水靺鞨朝唐，唐置「黑水府」，授其酋爲都督，賜名李獻誠。其後，黑水靺鞨服屬渤海，中止朝唐。

五代時，契丹滅渤海，黑水靺鞨部在混同江南岸者，臣屬於契丹，稱熟女眞，接受契丹敎化，不與本國相通。居江北岸者，不入契丹籍，稱生女眞，據有混同江、長白山之地，勇悍善射。

生女眞始祖完顏亮（函普），自王氏高麗徙居完顏部。四傳舒魯（昭祖），以條敎爲治，士衆寖强。子烏古鼐立，是爲景祖，始役屬諸部。

宋仁宗時，契丹節度使巴延瑪勒叛，契丹遣將征討，烏古鼐襲而擒之，獻與遼（契丹）道宗，遼酬庸烏古鼐爲生女眞節度使。

宋神宗熙寧八年（西元一〇八五年），烏古廼子合理博卽位，生女眞基業日張。

宋徽宗政和三年（西元一一一三年），烏古廼孫阿骨打立，自稱「都統」。時遼（契丹）主天祚坐享宋鉅額財貨，流於安逸。生女眞東北極邊濱海處有五國部，產名鶻「海東青」，遼爲遊牧民族，好遊獵，每歲必遣使至五國部，求取「海東青」。遼使經生女眞境，貪縱不法，需索無厭，生女眞深以爲苦，阿骨打乃團結諸部叛遼，遼主亦以阿骨打倔强桀敖，擬加討伐。

宋政和四年（西元一一一四年），阿骨打先發制人，舉諸部兵二千五百人擊破遼兵，進克寧江州（吉林烏喇北），遼主天祚聞寧江陷，卽令「司空」蕭嗣先爲「東北路都統」，發兵屯珠赫店（吉林伯都納城南）迎戰，生女眞又破遼兵。東北各州遂趁機叛遼，投順生女眞。

宋政和五年（西元一一一五年），生女眞克黃龍府（吉林農安），阿骨打稱帝，改名爲旻，定國號「大金」，是爲金太祖，都會寧（松江阿城南）。

大金國號的來源，有謂：「遼以鑌鐵爲號，取其堅也，鑌鐵雖堅，終以變壞，惟金不變不壞，而金之色白，完顏部傳統尙白，故號大金」。惟「金史地理志」對生女眞稱金，則曰：「上京路（按女眞早期遊牧地）卽海古之地，爲金之舊土也（按宇懋昭「大金國志」云其初居草地名會寧，號上京），國言『金』曰『按出虎』（按女眞語「金」爲「按出虎」），以按出虎水（阿拉楚克河，又名阿什河）源於此，故名金源，建國之號，蓋取諸此。」是則女眞之稱金，蓋出諸地理淵源。

金太祖稱帝後，將勇而志一，兵精而力齊。於宋政和六年（西元一一一六年），取遼東京（遼陽），以「遼陽府爲東京，大同府爲西京（大同），中京大定府爲北京（熱河寧城），東京開封府爲南京（河南開封），燕山爲中都，號大興府（北平），全國之盛，極於此矣。」（大金國志）又復聘用漢人，推行文教，實施漢化。

二　王氏高麗與女眞的關係

位在王氏高麗咸境道東北境的女眞，在黑龍江近旁者，高麗稱之爲東女眞（卽中國史所稱生女眞），在其西方者，高麗名之爲西女眞（卽中國史所稱熟女眞）。

高麗成宗王治時，女眞部族遊牧於白山黑水間，或遣使貢方物於高麗，或侵襲高麗邊鄙。

高麗肅宗王顒時，女眞盈歌（穆宗）在位，其勢漸盛，高麗與女眞始相互遣使通好。此時，與高麗接壤的葛懶甸部（按葛懶爲河名，遼史作曷懶，金史作葛懶，在吉林延吉之南），擬歸附生女眞，高麗以葛懶甸服屬生女眞後，生女眞勢力勢必大增，構成對其威脅。因之，高麗計議於中途截留葛懶甸派往生女眞的使者，以阻其謀，事洩，生女眞斜葛立卽報告盈歌，盈歌卽令石適歡率衆進占葛懶甸的七座城。高麗計畫失敗，於是召集葛懶甸與生女眞協商，葛懶甸以斜勒詳穩（按遼語謂諸官府監治長官）治刺保詳穩等，參加會議，生女眞石適歡派盃魯參加會議，但高麗以「無與爾事」，遣回盃魯，並將治刺保扣押。葛懶甸各部因畏事，皆附高麗，生女眞與高麗關係，自此惡化。此宋徽宗崇寧二年（西元一一〇三年）事。

翌年春，生女眞石適歡發騎兵屯定州（咸境南道定平郡）關外，有窺伺高麗意圖，高麗肅宗卽命「門下侍郎」林幹，往定州伐之，但爲石適歡所破，生女眞軍將定州高麗要塞盡行破壞。

高麗肅宗爲雪定州戰敗之辱，於同年四月以「樞密院使」尹瓘，爲「東北面行營兵馬都統」，往攻生女眞部，關登水一役，又爲石適歡大敗。

高麗肅宗因連戰敗績，不得已而與生女眞謀和，委戰之罪於邊官，並願釋放葛懶甸代表。此時，生女眞盈歌已死，其姪烏雅束（康宗）承襲節度使職位，接納高麗和議，派斜葛畫定疆界，石適歡置幕府於三潺水，以鎭撫之。

高麗與生女眞和約締結之後，高麗肅宗禱告天地神明，誓志洗雪，惟不及一年而死。其子王俁嗣位，是爲高麗睿宗，勵精圖治，求直言，以完成先王未竟遺志。

高麗睿宗爲偵探生女眞虛實，以遣使致賀烏雅束承襲節度使爲名，趁機刺探，烏雅束亦派盃魯回聘高麗，要求高麗釋放前所扣押的葛懶甸代表（按高麗肅宗至死，未依和議釋放葛懶甸代表），高麗睿宗允許所請，囑生女眞派人至邊界領回。當生女眞完顏部將阿聒、烏林答等率少數兵卒，抵達高麗邊界交涉釋俘時，又遭高麗擒押。高麗睿宗二年（西元一一〇七年），睿宗命尹瓘、吳延寵爲正副「元帥」，領兵十七萬突襲葛懶甸。生女眞猝然不備，倉促應戰，爲尹瓘大破，斬首四千九百四十級，俘獲一千三百人，得生女眞屬地一百三十五屯，分遣諸將在英（咸鏡北道吉州）、吉（咸鏡北道吉州）、咸（咸鏡南道咸興郡）、福（咸鏡南道端州郡）、雄（吉州）、宜（咸鏡南道德源府）等六州，及公嶮（吉州西北）、通泰（吉州南）、平戎等三鎭築城，號爲「北界九城」，並立碑於公嶮以誌。其後，王氏高麗爲加强九城防務，特將其南界移此，移其居民於南方。

生女眞遭高麗擊潰，喪師失地，烏雅束以新敗之餘，恐遼人乘機來襲，不主立即對高麗報復，但烏雅束之弟阿骨打竭力主戰，他說：「若不擧兵，豈止失葛懶甸？諸部皆非吾有也！」烏雅束以爲然，遂令斡塞率兵進攻高麗，同年六月，大破高麗兵。再戰，高麗又敗，且九城僻遠難守，高麗屢調兵馬支援，全國騷然，睿宗知難勝生女眞，因採「諫議」金緣之議，歸還生女眞失地，與之謀和，而生女眞亦厭戰，乃於宋徽宗大觀三年（高麗睿宗四年、西元一一〇九年），遣褭弗爲使，與高麗談判，睿宗集文武重臣及三品以上官員，會商和約，羣臣贊成還地生女眞，睿宗乃遣使至咸州，與生女眞居慰伊立盟誓，撤九城戰具物資輸於內地，交還其地與生女眞，雙方以都速浦之石城爲交界。

高麗睿宗與生女眞議和後，偃武修文，恤孤養老，日與儒臣論講六藝，王氏高麗因是得臻小康之局。

高麗睿宗十年（宋徽宗政和五年、西元一一一五年），生女眞烏雅束卒，阿骨打繼立，改國號爲金，稱帝，是爲金太祖，國勢日盛。金志在取遼，蠶食其地，對王氏高麗則持和親政策；高麗睿宗十二年（西元一一一七年），阿骨打遣使致書與高麗，提議金爲兄，高麗爲弟，以約永世之好。女眞原視高麗爲大國或父母之邦，至此竟以兄長之國自居，因之，激起高麗廷臣之憤慨，有主張斬金使者，以責其無禮。

高麗仁宗三年（宋徽宗宣和七年、西元一一二五年），金滅遼，益形驕傲。其間，遼請援於高麗，高麗非但不應，且宣布廢除遼的年號，向金聲明收復失地，遂取遼的來遠、抱州兩城，國境已展至鴨綠江畔。

同年，金以高麗國書未稱臣爲由，拒收。高麗廷臣集會商討對金稱臣問題，衆議不可，獨權臣李資謙等持異議，終於高麗仁宗四年（西元一一二六年），以事大之禮待金。同年，宋都汴京陷金，中國北半部地區，收入金版圖。宋欽宗之弟高宗，遷都江南臨安（浙江杭州），以該地爲中心，重建政權，史稱「南宋」。

當北宋受金侵攻，情勢危急時，曾遣侯章請高麗發兵討金，至徽、欽二帝被虜，又派楊應誠至高麗，請高麗援助以迎歸徽、欽二帝，唯高麗未納，宋的希望，終成泡影。但高麗在國際矛盾中，嚴守中立，臣事金國，亦臣事宋朝，得免捲入兩强戰爭的漩渦。

拾肆　宋聯金滅遼

一　宋金結好，王氏高麗勸宋不可通金

宋徽宗時，童貫嘗使遼，得燕人馬植，薦之於徽宗，馬植獻議徽宗結好金人，相約攻遼；其謂：「女眞恨遼人切骨，而天祚荒淫失道，本朝若自登萊（山東登萊）涉海，結好女眞，與之相約擊之，其可圖也。」宋對遼本有宿恨，知遼屢爲金人所敗，乃決議聯金滅遼。徽宗爲酬庸馬植，委以「秘書丞」，賜趙姓。

其後，漢人郭藥師泛海至登州，謂女眞建國，屢破遼師，登州守臣王師中，據之以聞，徽宗詔蔡京、童貫策畫通金；命王師中募人偕郭藥師齎市馬詔往，惟不能達。

當高麗睿宗遣李資諒入宋謝賜大晟樂時，徽宗以高麗與金接壤，囑資諒後年來朝，導金人同來，資諒謂金人狡悍不可交。據「朝鮮史略」云：

「李資諒使宋，至汴京，帝（徽宗）親賜宴內殿，製詩示之，命和進，資諒卽應制，帝大加稱賞。及還，密諭曰：『聞汝與女眞接壤，後歲來朝，招引數人來。』資諒奏曰：『女眞夷獠中最爲貪醜；不可通。』」

其後，宋醫楊宗立自高麗返宋，高麗睿宗托宗立上覆徽宗，不可通金。宋徽宗對高麗君臣的進言未納，此固徽宗圖復燕、雲的決心，然亦因徽宗誤信幸臣之言，以高麗的建議別有企圖。據「朝鮮史略」說：

「有幸臣聞之（按指高麗勸宋不可通金事），言於帝：『女眞珍奇雜出，高麗交通貿易，不願分利他國，故阻之。』」

因而宋徽宗決計與金締交，遣「武義大夫」馬政偕郭藥師，由海道至金，馬政言於金太祖阿骨打，宋思與金通好，阿骨打許之。

宋徽宗宣和元年（西元一一一九年），金遣使入宋，以結宋、金之好。

二　宋聯金滅遼

宋宣和二年（西元一一二〇年），趙良嗣（即馬植）使金，以市馬爲名，實則約金滅遼，收復燕、雲十六州。宋、金同盟成立，宋許滅遼後，以輸遼歲幣輸金；金以燕京一帶歸宋；並約定金攻取遼長城以北諸地；宋攻取長城以南諸地；金兵自平地松林（綏遠克什克騰旗西南）趨古北口（河北密雲東北）；宋兵自白溝河夾攻；並議定宋、金兩國部隊不得過關。

同年（金太祖天輔四年、遼天祚天慶十年），金兵攻遼上京，遼「都統」耶律伊都（一作耶律余覩）率部降金。（按耶律伊都妻之兄女，乃遼天祚帝之文妃，生晉王阿咾罕，長而賢。元妃蕭氏生秦王定，舅蕭奉先欲立之，因譖晉王，遼天祚帝殺文妃，耶律伊都懼，故而降金。）

宋宣和四年（西元一一二二年），金以耶律伊都爲嚮導，取下京，薄中京，遼師潰，軍心渙散。遼主天祚方獵鴛鴦濼（察哈爾阿巴噶旗右翼西南），聞兵潰，走避雲中（山西境），中京繼爲金軍攻陷。金兵繼續追擊，天祚奔夾山（綏遠吳喇忒旗西北），勢日蹙。遼燕京（南京）「留守」李處溫奉耶律淳稱帝，廢天祚爲「湘陰王」，並遣使與金言和，願爲金附庸，金人不允。遼之西京旋爲金據，繼陷東勝諸州。

金兵攻遼屢勝，而宋軍一再失利，盧溝一役，宋軍大敗，士卒蹂踐，死者綿延百餘里，自宋神宗熙寧、元豐年間以來，所儲軍實，損失殆盡。童貫懼戰敗獲罪，密遣使者至金求助，金軍三道而進，遼以勁兵守居庸關，不戰而潰，金兵由是入關而下燕京，遂啓金人輕宋之心。

事後，宋請如約，金藉口宋兵失期，不肯履行前約，宋不得已，與金訂立新約，宋除歲輸銀二十萬兩、絹三十萬疋於金外，另歲輸燕京代稅錢一百萬緡。

宋宣和五年（西元一一二三年），金以燕京及薊、景、檀、順、涿、易六州二十四縣地歸宋，而燕京及六州職官、人民、財富盡爲金人所奪，宋僅得空城。

宋既不能盡得關內之地，金人勢力遂伸展入長城以南，與宋境交錯，金人之禍隨之起矣同年，金太祖死，弟太宗晟立。

宋宣和六年（西元一一二四年），遼天祚渡河，攻取東勝諸州，謀收燕、雲，爲金所敗，天祚走山陰（夾山北）。

同年，夏（宋之外患之一）稱藩於金。

宋宣和七年（西元一一二五年），天祚趨夏，途中爲金兵所俘，金太宗封之爲「海濱王」。遼自太祖立國以來，傳九主，二百一十年亡。

先是，遼宗室耶律大石見大勢已去，率鐵騎二百西走，經綏遠至西域，沿途得精兵萬餘，破中亞回教諸國聯軍，據尋思干（古康國）、不花剌（古安國）等地，於宋宣和七年稱帝，是爲遼德宗，史稱「西遼」。

拾伍　金人寇宋，宋約王氏高麗伐金

一　宋金失和

宋、金失和，固由金對宋心存輕視，野心益熾，然宋的玩敵失信，尤為導致宋、金失和的主因。玆分四點說明：

㈠宋納金叛將——宋為收復關內失地，招納金平州（河北盧龍）守將張瑴降，金太宗遣師討瑴，瑴敗，走燕，依「燕京留守」王安中。金責宋納叛，索瑴，宋不欲發遣，金人索之益急，安中以貌類瑴者斬首與金，金人知偽，將攻燕。宋徽宗詔安中殺瑴及其二子送金。金由是對宋不滿。

㈡宋人失信——宋欲得燕京，金固不與，宋以代歲錢一百萬緡於金，金始歸燕京於宋。已而，內侍譚稹出任「兩河燕山宣撫使」，金遣人索糧，譚稹謂：「二十萬石，豈易致耶？良嗣口許，何足為憑？」宋人失信，致觸金人之怒。

㈢宋圖聯遼制金——宋宣和六年（西元一一二四年），遼天祚攻東勝州為金所敗，屯兵山陰，宋欲誘之制金，許待以皇弟禮，天祚從之。宋徽宗令童貫往迎，嗣天祚知宋不可恃，未允。事為金人知之，益爲惡宋。

㈣宋治兵燕山備金——初，金將斡喇布在平州，遣人向宋索叛亡戶口，宋不允，且命童貫治兵燕山備金。斡喇布謂金太宗曰：「苟不先舉伐宋，恐爲後患。」金遂南下侵宋。

二　金人寇宋

宋宣和七年（西元一一二五年），金滅遼後，以阿木班貝勒舍音領「都元帥」，坐鎭金京會寧，節制諸軍；十月，發兵二路南侵，以尼瑪哈爲「左副元帥」，率西路軍自雲中趨太原，太原「知府」張孝純扼拒；東路軍由斡喇布率領，自平州南侵，先後攻取檀、薊、燕京、燕山、相、濬等黃河以北諸州，南趨汴京。宋遣梁方平帥衞士守黎陽河北岸，兵警日亟，宋徽宗大懼，下詔罪己，禪位太子桓，是爲欽宗，奉徽宗爲「太上皇帝」。

宋欽宗用李綱爲「兵部侍郎」，策畫戰守，號召四方勤王兵救汴。

宋靖康元年（西元一一二六年），金兵渡河圍汴京，李綱、「宣撫使」种師道主固守待援；「宰相」李邦彥及耿南仲等多數朝臣主和，欽宗納邦彥議，遣使與金議和。時金兵不過六萬，西路軍阻於太原，而宋勤王軍二十餘萬，河北州郡猶多爲宋所據守，且宋京有備，金乃許和議；宋輸金五百萬兩、銀五千萬兩、牛馬萬頭、表緞百萬疋；歸還燕、雲人之逃亡宋地者；宋帝事金帝爲伯父；宋割中山（河北定縣）、太原、河間三鎭與金；宋以「宰相」、

「親王」出質於金。

李綱力斥此喪權辱國之約，力主對金作戰，但李邦彥勸欽宗順從金議，欽宗畏戰，遂如金約。先括借汴京金二十萬兩、銀四百萬兩與金，民間金銀殆空。急致誓書稱「伯大金國皇帝」、「姪大宋皇帝」，並以張邦昌爲「計議使」，奉肅王樞（欽宗弟）爲質以求成，金兵圍汴三十三日而退。

三　宋約王氏高麗伐金

宋欽宗靖康元年，金兵渡河圍攻宋都汴京，欽宗以金人氣勢甚銳，急遣「閤門祗侯」侯章至王氏高麗告急，約出兵伐金。

此時高麗仁宗王楷在位，外祖李資謙任「中書令」，流竄宰臣之不附己者，又納其女於仁宗，委親族充任要津，權傾一國。仁宗雖惡外祖專橫，惟年幼且優柔寡斷，李資謙遂任所欲爲。

而是時，高麗天災，國庫空虛，故宋欽宗來使囑出兵討金，高麗格於時勢，未允。迨宋靖康二年（西元一一二七年），宋徽、欽二帝被金人所擄，宋「刑部尚書」楊應誠至高麗，欲借助高麗之力，迎回二帝，高麗亦未應。蓋此時高麗之事金，猶昔之事遼，對宋、金均持和睦政策，不願開罪一方。據「朝鮮通史」云：

「蓋仁宗雖優柔不斷，前致李資謙之亂（按高麗「內侍祗侯」金粲等，知仁宗惡李資謙，欲除之，與「上將軍」崔卓、吳卓等謀。時李黨拓俊京爲「門下侍郎平章事」，與弟俊臣共用事，吳卓等疾之，率軍入宮，先殺俊臣，俊京見事急，即召軍卒，破宮門入，縱火焚之。仁宗恐被害，欲禪位於資謙，「平章事」李壽力言不可，事遂中止。然資謙遷仁宗於己宅，左右皆用其黨，仁宗殆如幽囚，資謙猶不慊，欲毒殺之，幸王妃詐蹶覆之，方免於難。既而，俊京與資謙漸生嫌隙，仁宗諭俊京效力王室。及資謙舉兵犯闕，俊京拘囚資謙，流放之靈光。）後惑於妙清、白壽翰等陰陽禍福之說，招西京叛逆之禍。（按當時西京有僧妙清者，勾結「日官」白壽翰，自稱通曉陰陽秘術，透過宮廷近臣，咸推爲聖人，並獲得王室「顧問」之職；即以文章知名的鄭知常，因與妙清誼屬同鄉，亦力加推薦。仁宗六年，妙清等言及兩京地德盛衰，謂開京衰，西京—平壤盛，進言西京林原驛地—大同郡釜山面新宮洞，係陰陽家所謂「大華」—一作「大花」之勢，如奠都此間，建修宮闕，則海外各國均將來貢，金國亦會降順。仁宗爲此說所動，乃建新宮於該地，名爲「大花宮」，翌年，竣工。妙清請仁宗遷都西京，蓋其意以西京爲上京，自以維新中興之功臣，而欲把持朝政。妙清等言論，爲當時儒者所排斥，如「參知政事」任元數—仁宗繼妃之父、林完—宋之歸化人，均上疏請斬妙清一黨；而「平章事」金富軾、「承宣」李之氐等，亦諫仁宗西幸。因之，滙成熱烈的反妙清運動。妙清等乃於仁宗十三年，與「西京分司侍郎」趙匡、「西京兵部尚書」柳旵，以西京爲中心，擧旗叛亂。將開京留居西京人士，不分貴賤，一律捕殺。定國號爲「大爲」，建元「天開」，自稱「天遣忠義軍」，分數道，進軍開京。仁宗乃命金富軾征伐西京，富軾出征之前，先斬在開京的妙清黨羽鄭知常、白壽翰等人，繼之發兵收復西京周圍諸城，且發檄文，曉諭叛衆，趙匡見官軍氣勢難敵，乃斬妙清、柳旵等，並使「分司大府卿」尹爾瞻，持二人首級赴開京請罪，而朝廷竟將尹爾瞻下獄。趙匡知難免其罪，遂據城死守。其後，金富軾率軍分五路進圍西京，對峙一年，於仁宗十四年二月，西京城陷，趙匡焚死，其黨羽亦各誅竄，妙清之亂始平。）而於宋與金均盡臣子之禮，不失好於鄰國，故邊境得以久安無事。」

王氏高麗以內政不寧，內外政潮詭變萬狀之時，不願在外交上招致糾紛，而堅守中立，未應宋命伐金，但其對宋的外交關係，並未受任何影響，一直維持其後一百餘年之久，直至南宋滅亡止。

拾陸　北宋滅亡與宋室南渡及宋金和戰

一　北宋的滅亡

當張邦昌奉使至金謀和之際，种師道等率勤王師入救，宋軍勢轉盛，欽宗君臣悔割三鎮，改和議為謀戰，似此「外之則遣使議約以求好於金，內之則又調兵遣將，謀一戰以洩其忿」可見宋廷舉止失措，猶疑不定。

及四方勤王之師大集，李綱謂：「金人無厭，勢必用師，彼兵號六萬，而吾勤王之師，集城下者已二十餘萬，當以計取，可以必勝」。欽宗然之。

金東路軍既退，西路軍「統帥」尼瑪哈知斡喇布飽有所獲，亦遣使索賂，為宋所拒。宋靖康元年（西元一一二六年）八月，斡喇布復分軍二路南侵。九月，斡喇布攻陷太原，進占洛陽。十一月，東西二路金兵會師攻汴，而諸路勤王師不至，金兵遂攻破汴京。

金邀太上皇（徽宗）至金營議和，欽宗不可，親至金營奉表請降，獻河南、河北之地。金人更索金一千萬錠、銀二千萬錠、帛一萬疋。欽宗還，搜括民財，不能如數，金人索之急，再邀欽宗至金營。

宋靖康二年（西元一一二七年），欽宗復至金營，爲金羈留，廢欽宗及太上皇爲庶人，宋人有上書請立趙氏者，均不報。金將尼瑪哈等劫持徽、欽二帝及太子、后妃、親王、宗室三千餘人，北去會寧。汴京文物、府庫，爲金兵洗劫一空，是爲「靖康之難」。

宋自太祖開國，傳九主，歷一百六十六年亡，以其建都汴京，地在江淮之北，史家稱爲「北宋」。

二　宋室的南渡

金人以統治中原，殊非易事，同年，立宋「太宰」張邦昌爲「楚帝」，畫黃河以南與楚，指定建都金陵，黃河以北地爲金所有。

但張邦昌不爲國人所附，金兵退去，即去僞號（稱帝三十三日），迎宋徽宗九子趙構復辟，宋建炎元年（西元一一二七年）五月，即位於南京（河南商邱），是爲宋高宗。誅主和派首領張邦昌，並貶其黨，密謀復仇，遣使以書詔誘遼遺民。

此時，長江南北、河南、陝西仍爲宋有，山東、河北、河南亦全未失，義兵紛起，太行山王彥的「八字軍」，尤爲著名，大勢尚有可爲。

宋高宗初以李綱爲相、宗澤爲「汴京留守」、張所招撫河北、傅亮經略山西，韓世忠、岳飛、張浚俱爲名將。李綱倡「能守而後可戰，能戰而後可和」，與宗澤力主還都汴京，高宗意不決，適金太宗下詔伐宋，汪伯彥、黃潛善趁機進言，高宗南走避揚州。李綱、張所罷職，宗澤憤死。

金人三道繼續南犯，河南、山東盡失。金兵陷徐州，高宗自揚州渡江奔杭州，改稱臨安府。金兵焚揚州。「扈從統制」苗傅、劉正彥乘危而叛，為張浚、韓世忠平定。

宋建炎三年（西元一一二九年），金帥兀朮率大軍渡江追擊高宗，破金陵、臨安、明州（浙江鄞縣），高宗浮海走溫州（浙江永嘉）。兀朮以江南天時地理不利，後路復受威脅，飽掠之後，率部北歸，韓世忠以舟師扼守鎮江，金兵不得渡，相持於金陵東北黃天蕩四十八日，兀朮鑿渠通秦淮河，自江陵北去。金人驕氣一挫，此後，不敢輕易渡江，造成宋、金隔江對峙之局。

金人知不易滅宋，仍用「以漢制漢」政策，張邦昌為宋所殺，繼於宋建炎四年（西元一一三〇年）立劉豫為「齊帝」，初都大名，後徙都汴京，對金稱「子皇帝」。

劉豫僭位期間，承金人意旨，出兵伐宋，但屢為岳飛、韓世忠所敗。宋紹興六年（西元一一三六年），金又令劉豫伐宋，豫遣大軍南下，與宋軍大戰於藕塘（安徽合肥境），為宋軍所敗。宋紹興七年（西元一一三七年），金廢劉豫，降封為「蜀王」。

先是，金人於宋建炎四年扶立劉豫，並將所俘宋臣秦檜釋回，進行和議。宋紹興元年（西元一一三一年），高宗以秦檜為相，檜主張以中原歸劉豫，河北歸金，高宗不滿，罷秦檜職。

宋紹興八年（西元一一三八年），高宗還都臨安。其後，金人未再渡江，南宋維持一百五十五年偏安之局。

三　宋金的和戰

宋紹興元年，宋將劉光世克楚州。

同年，金兀朮進攻和尚原（陝西寶雞西南）爲吳玠、吳璘兄弟所敗。

宋紹興三年（西元一一三三年），吳氏兄弟又大敗兀朮於仙人關（陝西鳳縣西南），蜀中趨定。

宋紹興四年（西元一一三四年），岳飛大破劉豫，恢復襄陽六郡。

同年，兀朮南侵以援劉豫，韓世忠敗之於大儀（江蘇江都西），追擊至淮，金人驚潰，爲中興武功第一。

岳飛坐鎮荆、襄，於諸將中年最少，抱重光中原，直搗黃龍（吉林農安）的壯志，與扼守江、淮的韓世忠，同稱名將。

宋紹興五年（西元一一三五年），吳玠光復秦州。

宋紹興六年，劉光世復壽春（安徽壽縣）；岳飛敗金人於京西，蔡州一帶州縣盡復。

宋紹興十年（西元一一四〇年），金兀朮來寇，劉錡敗之於順昌（安徽阜陽）；岳飛以輕騎大捷於郾城（河南郾城），追破之於朱仙鎮（距汴京四十五里），兩河豪傑李通等率衆歸飛；自燕以南，金號令不行，兀朮欲聚軍抗飛，河北無有應者，金兵多降附，岳飛大喜曰：「直抵黃龍府，與諸軍痛飲爾！」而吳璘亦復陝西諸州。

金以南犯不利，揚言將欲立欽宗於汴，高宗大懼，再用秦檜為相，重開和議。宋紹興十一年（西元一一四一年）十一月，宋、金訂立和約：

㈠宋、金東以淮水中流為界，自淮而西，以唐、鄧二州界南四十里為界。

㈡宋對金熙宗奉表稱臣，受金册封為皇帝。

㈢宋向金歲貢銀二十五萬兩、絹二十五萬疋。

和議成立，秦檜竊權固寵，諷臺臣欲飛班師，飛不應，檜先召張浚、楊沂中諸將歸。檜繼上言：「飛孤軍不可久留」，高宗一日發金牌十二道召飛還，飛憤惋泣曰：「十年之功一旦廢矣！」遂自郾城引兵還，兀朮聞訊大喜，遣兵追之不及，河南新復州府，又歸金人占有。秦檜以「莫須有」三字，誣岳飛謀反而殺之，十年功廢一瞬，戰士含悲，中原光復之志消逝。

其後，宋、金間維持二十年和平，金人懲宋將痛擊，深具戒心，未敢南侵，南宋君臣偷安，秦檜排忠斥良，粉飾太平。

宋紹興十九年（西元一一四九年），金海寧王亮弒金熙宗自立，大殺宗室，納其婦女。

宋紹興三十一年（西元一一六一年），金因長期安定，國家富强，海陵王思統一南北，自上京遷都燕京而汴京。集兵六十萬伐宋，盡陷江北諸州，進兵至長江北岸，爲宋將虞允文敗於采石（安徽當塗），再挫於金口。時金內變已成，金人立世宗雍於遼陽，定都燕京。海陵王進退失據，爲部將所弒，金兵潰退。

宋孝宗立，與金世宗並稱英主。孝宗志切恢復淮北諸地，宋隆興元年（西元一一六三年），魏國公張浚使李顯忠、邵宏淵北伐，復靈壁、虹縣，攻宿州。金世宗令將南征，嗣李、邵不和，符離（安徽宿縣北）一役，宋軍敗績。

宋乾道元年（西元一一六五年），和議再成，恢復宋紹興十一年和約所畫國界；宋不復對金稱臣；呼金主爲「叔父」；詔表改爲國書；歲貢改爲宋歲幣，銀、絹各減五萬。

是後四十年，宋、金未再交兵。

宋寧宗時，以趙汝愚爲相，起用理學家朱熹。其後，韓侂胄爲相，排斥汝愚、朱熹，嚴禁道學，爲清議所不容，侂胄思對外建功以自固，於宋開禧二年（西元一二〇六年）伐金，各路潰敗。

宋開禧三年（西元一二〇七年），金兵渡淮陷淮南，攻取揚州，宋寧宗殺韓侂胄以求和，重訂和約，宋改以「伯父」禮事金；增歲幣銀三十萬兩、絹三十萬疋；並付金犒軍費三百萬兩，金以所侵地歸宋。

其後，史彌遠掌宋室大權二十餘年，繼之者爲史嵩之、賈似道，宋益不振，金亦衰弱，蒙古興起滅金，圖宋以覇中原。

若以當年客觀形勢，金的統一中國，並非難事。「三朝北盟會編」云：「金人善騎馬，勇悍不畏死，耐寒忍饑，不憚勞苦。」「金史兵志」云：「將勇而志一，兵精而力齊，一旦奮起，以寡制衆，用是道也。」是則，金人何以未能一舉擊潰弱宋，統一中國？

姚從吾氏「中國歷史地理遼金元」一文，指稱南宋之能偏安，實因長江天塹的屏障。綜合姚氏的主要論點：

(一)長江對防禦北方騎兵的重要——宋建炎四年，金人南侵，因長江阻隔而停頓，即可證明：

(1)長江、淮水爲天然防線，時舟船狹小，淮水縱橫，江面廣濶，江、淮表裏，自古爲天險。東北遊牧民族南下侵略，被阻止或停頓，勢所必然。

(2)江南暑濕，對東北遊牧民族影響甚大。河流交錯，馳驅不便，糧儲不易，飲食不慣。

(3)金兀朮見宋人駕舟乘風使篷，往來如飛，謂其屬下曰：「南軍使船如使馬，奈何！」（宋史韓世忠傳）。「兀朮自江南歸，每遇親識，必訴說過江艱危，自言不能免。時撻懶

在濰州，遣人慰問兀朮；並云南征各師，可俟秋再往。兀朮不肯從。」（大金國志）

㈡宋紹興三十一年（金正隆六年），金海陵王親統三十二軍、六十萬人南侵，及渡淮水，前阻大江，不可越渡，兵多人衆，軍糈不足，僅能小規模南渡，被宋軍殲滅（史稱采石之捷），因而軍心渙散。

姚氏以地理因素，說明長江天塹，阻礙金人南侵，自是卓見。即以二十世紀七十年代，新式武器發明的今日而言，一國地理形勢，在國防上仍有其價值，何況當年舊式武器與船舶，火力既弱，運輸緩慢，長江自有其軍事價值也。然無南宋諸將精忠報國，屢破金兵，誓復山河的奮勇殺敵精神，雖憑長江之險，而士無鬪志，亦不足恃，所謂：「固國不以山谿之險，威天下不以兵革之利者，其道何在？精神爲之也。」岳飛的誓復山河，岳家軍的揚威天下；韓世忠的屢建大功，摧毀强敵，金人爲之喪膽，此精神力量也。金人知宋軍不可侮，中止渡江南侵，南宋始獲一百五十五年偏安之局。

拾柒　蒙古崛起敗金滅夏及聯宋滅金

一　蒙古的崛起

蒙古原出東胡的契丹別族，姓奇渥溫，系屬唐代室韋部落，散居黑龍江南岸，漁獵為生。

北宋時，蒙古服屬於遼、金，隸韃靼別部韃靼，故又號「韃靼」。

南宋初期，乞顏部酋長合不勒為蒙古可汗，金用其兵未償所約而失和，金熙宗討之不克，與之議和，畀以西平河（克魯倫河）以北地。

宋高宗紹興十七年（西元一一四七年），合不勒建號「大蒙古國」，據黑龍江上游，外蒙古東部一帶地。

至也速該（合不勒之孫）時，蒙古國勢漸盛。嗣也速該為塔塔兒部人毒殺，部族離散。也速該子鐵木眞走依客列部，及長，英勇善戰，歸附者日衆。

宋孝宗淳熙十六年（西元一一八九年），鐵木眞被十一部酋長擁戴，為蒙古本部長。是後，糾合部衆兼併泰赤烏、塔塔兒、客列、乃蠻諸部；降服翁吉剌、蔑里乞、汪古諸部，至此，蒙古的強敵掃蕩殆盡，統一大漠南北。

宋寧宗開禧二年（西元一二〇六年），鐵木眞大會諸部於斡難河（鄂嫩河）；諸部尊之爲「成吉思汗」（意爲強大之汗），是爲蒙古太祖。

此時，蒙古的主力，分布在斡難河、土拕河、西平河及和林（庫倫西南額爾德尼臺）一帶。

二　蒙古敗金滅夏

成吉思汗統一蒙古，次一目標攻略金人。金自海陵王南遷，金世宗定都燕京，金人大部移居中原富庶地區，漢化日深，將士流於驕惰，戰鬪力降低。金章宗死，衛紹王（廢帝）立，昏庸懦弱，爲蒙古所輕視。

成吉思汗乃於宋寧宗嘉定四年（西元一二一一年），大擧伐金，蒙古軍入居庸關，敗金兵於烏沙堡（張北北）。

同年八月，蒙古軍大敗金兵於會河堡（張家口南），陷西京（大同）、晉北、冀東，遼西殘破，契丹人紛紛歸附。

宋嘉定六年（西元一二一三年），蒙古軍越居庸關而南，河東、河北、山東蹂躪殆徧。還師圍中都（燕京），以久攻不下，許金人乞和。

宋嘉定七年（西元一二一四年），金衞紹王爲臣下胡沙虎所弒，金宣宗（珣）立，成吉思汗乘金內亂，再圍中都，金宣宗南遷汴京（開封），避蒙古鋒鏑，以河爲防。

宋嘉定八年（西元一二一五年），成吉思汗入關占領中都，金宣宗以衞紹王女歸蒙古，並向蒙古曲意求和，蒙古軍始退；另軍自西北入關中，繞經潼關，直趨汴京，尋渡河北去，不時以游騎侵擾；同時蒙古將木華黎以契丹降人爲前鋒，平定遼西，南下河北、山西、山東，西取陝西，金人僅保有河南，國勢益衰。

成吉思汗於宋嘉定三年（西元一二一〇年）伐夏，圍中興府（銀川），夏主安全拒戰失敗，納女稱臣請降。

宋嘉定十二年（西元一二一九年），蒙古西征，向夏徵兵，夏主拒之，成吉思汗甚爲憤恨。迨西征東歸，成吉思汗於宋理宗寶慶二年（西元一二二六年）伐夏，宋寶慶三年（西元一二二七年），擒夏末帝晛。夏自元昊稱帝至此，傳十主，一百九十年亡。

三　蒙古聯宋滅金

宋寶慶三年，成吉思汗殂於甘肅清水六盤山；遺言：「金精兵在潼關，若東假道於宋，破之必矣。」

宋理宗紹定二年（西元一二二九年），成吉思汗次子窩闊臺被推爲大汗，是爲蒙古太宗，建都和林。時金人北守黃河，西扼潼關。窩闊臺爲遵乃父「聯宋滅金」遺命，於宋紹定五年（西元一二三二年），遣使與宋協議，假道宋境攻金都汴京；宋軍攻唐、鄧二州牽制金軍；滅金後，蒙古以河南部分地歸宋。

先是，金人遷汴，國勢日落，爲宋所輕而罷其歲幣，宋、金關係惡化。宋嘉定十年（西元一二一七年），金乘蒙古西征，興兵分道伐宋，宋、金連兵七載，互有勝負。金兵財兩困，而宋軍戰力薄弱，未能作致命的打擊。宋嘉定十七年（西元一二二四年），金宣宗死，子哀宗（守緒）立，金遣使至宋請和。

宋紹定六年（西元一二三三年），蒙古軍假道於宋，迂迴漢水，南出唐、鄧，大破金兵十五萬於鈞州（河南禹縣）三峯山，金師精銳損失殆盡。窩闊臺亦由河中（山西永濟）渡河而南，陷潼關，圍汴京，汴京內外斷絕，金哀宗率軍突圍走保蔡州（河南汝南）。汴京既下，蒙古照會宋合師攻蔡州，宋名將孟洪以兵二萬往會，並以糧三十萬饋蒙古，蒙古以大將塔察兒爲統帥，與宋軍合圍蔡州。

宋理宗端平元年（西元一二三四年）一月，金哀宗禪位於宗室承麟。承麟即位之翌日，金軍糧盡援絕，宋軍破南城而入，蔡州被圍三月而陷，金哀宗自縊，承麟死於亂軍。金自太祖阿骨打開國，至末主承麟，傳十主，一百二十年亡。

金滅後，陳、蔡以北地屬蒙古，至是，淮水以北，黃河以南爲蒙古所據。

拾捌　蒙古憲宗的西征與聘兵侵宋

一　蒙古經略漠南與西征

宋理宗淳祐十一年（西元一二五一年），蒙哥卽位，是爲蒙古憲宗。蒙哥命弟忽必烈經略漠南；忽必烈於宋淳祐十二年（蒙古憲宗二年、西元一二五二年）九月，自六盤山（甘肅固原東南）出師，以兀良哈臺掌理「總務」，以劉秉忠、姚樞贊參「軍事」。蒙古軍踰吐蕃（四川松潘以西，青海、西康以東地），行山谷無人之地二千里。同年多，忽必烈軍抵大理（雲南），國王段知興出戰，爲忽必烈擊潰，遂平大理，善闡（昆明）亦下；得總管府三十七、散府八、州六十、縣五十、甸部六十一。蒙古設「行中書省」於中慶（昆明）以統之。

按大理自唐、宋以降，爲一獨立國家，至此，併入蒙古帝國版圖，成爲中國的一省。忽必烈侵大理時，分兵征吐蕃，吐蕃酋長出降，於是吐蕃成爲中國的藩屬。

蒙古憲宗卽位，又以亞洲西南部自拔都西征以後，未盡臣服，乃命弟旭烈兀於宋淳祐十二年統兵西征，首平裏海之南的回教國木剌夷，波斯全境底定。

宋理宗寶祐六年（西元一二五八年），旭烈兀進討回教領袖「哈里發」（Caliph），占領其首都報答，殺回教主兀斯塔辛，滅東大食，東大食帝國五百年阿拔斯王朝，至此滅亡。

旋西進天方（阿拉伯），平敍里亞，遣使招降埃及，埃及王率衆抵抗。

宋理宗開慶元年（西元一二五九年），埃及蘇丹庫吐斯（Kuttuz）傾全國兵力擊敗敍利亞的蒙古守軍。會蒙古憲宗蒙哥訃訊至，蒙古軍遂退。

旭烈兀西征七年，拓地萬里，合波斯、敍利亞、小亞細亞等地，建立「伊兒汗國」，亦稱「波斯蒙古汗國」。其疆域爲今伊朗高原，俄屬高加索，中亞西南部及小亞細亞之地；卽今伊朗、阿富汗、俾路支三國之地。建都於馬拉固阿（伊朗大不里士）。

伊兒汗國自開國，至明太祖洪武二十六年（西元一三九三年），被帖木兒滅亡止，共五世，十五君，歷一百三十五年。

這是蒙古第三次西征。

二　宋蒙利害衝突，蒙古騁兵侵宋

先是，宋蒙聯軍滅金後，蒙古以金東南隅陳、蔡一帶地歸宋，但南宋志在恢復洛陽、汴、歸德三京。宋理宗端平元年（西元一二三四年）六月，宋乘蒙古退兵，遣兵北伐。七月宋軍入洛陽。蒙古回師大敗宋軍，所得河南地，復爲蒙古所據。從此，宋與蒙古進入戰爭狀態。

宋理宗淳祐元年（西元一二四一年），宋集中兵力加强淮、漢和四川防務，孟洪以壽春及襄陽力治守備，大興屯田；余玠於四川諸山險建築堅堡，集兵聚糧，以禦蒙古騎兵的突襲。

宋理宗開慶元年，蒙古憲宗蒙哥領兵十萬伐宋，自秦、隴入蜀，圍攻合州（四川合川），五月不下，殂於軍中，解圍而去。

當蒙古憲宗蒙哥進攻四川，蒙哥弟忽必烈已平大理，回師伐宋，經河南入湖廣，圍攻鄂州（武昌），而大將兀良哈臺自交趾北來（隨忽必烈攻大理），圍攻潭州（長沙），南宋有被切斷爲東西兩部之虞。

及蒙古憲宗蒙哥殂，忽必烈聞諸部擁立其弟阿里不哥於和林，急欲北歸，適援鄂的宋「丞相」賈似道乞和，遂接受似道和議，忽忽北歸。

拾玖　蒙古建立曠世大帝國與南宋的滅亡

一　忽必烈建號大元

宋理宗景定元年（西元一二六〇年），忽必烈自立於開平（察哈爾多倫），建元「中統」（蒙古採行年號之始），是為世祖。接管金人舊壤，統有蒙古及長江以北各地。擢用中原人士，致力帝國建設。

蒙古稱皇帝為「大汗」，向由繼嗣大會推定，憲宗蒙哥寖殺宗親，宗族間已生仇隙。忽必烈自立為大汗；其弟阿里不哥則被擁立於和林（回紇故城），蒙古帝國分裂。阿里不哥得窩闊臺汗海都（窩闊臺之孫）的支持（按為成吉思汗在西方所建四大汗國之一，當成吉思汗西征班師，將葉密立河一帶，今塔爾巴哈臺、科布多，約自和林西北，欽察汗國以東，舊稱乃蠻各地，分封其第三子窩闊臺。建都於新疆塔城北面的也迷里。海都在位時，國勢最盛，迨元至大三年——西元一三一〇年，為元武宗所滅；開國以來共八十五年，計四世四君）；而察合臺汗（領有中亞細亞及新疆諸地）亦支援阿里不哥。忽必烈則西結伊兒汗、欽察汗。嗣阿里不哥與察合臺汗失和，部衆離心，宋景定二年（西元一二六一年），忽必烈以兵力降服阿里不哥。

宋景定五年（西元一二六四年），忽必烈改元「至元」，遷都燕京，蒙古政治中心南移。

宋度宗咸淳七年（蒙古世祖至元八年、西元一二七一年），蒙古改開平爲上都、燕京爲中都（後易名大都）。忽必烈自詡「今者四振天聲，大恢土宇，輿圖之廣，歷史所無」；因採「易經」的「大哉乾元」之義，定國號爲「大元」。

蒙古自奇渥溫鐵木眞創國以來，至此始有國號。迨忽必烈消滅南宋，於是蒙古成爲上承唐、宋正統的新朝。

二　南宋的滅亡

（一）元世祖遣師滅宋

當忽必烈於宋理宗開慶元年（蒙古憲宗八年、西元一二五九年）圍攻鄂州之際，宋權相賈似道以「京湖西北四川宣撫大使」身分，與忽必烈私訂和約，許割江北，向蒙古奉表稱臣。忽必烈引軍北還，賈似道隱其鄂州乞和，謊報大捷，宋理宗封似道爲「魏國公」。

忽必烈即位後，使郝經促宋如約割地，似道恐和議洩漏，幽禁郝經於眞州不報，又納蒙古叛將李壇。宋將劉整與賈似道不睦，投降蒙古，忽必烈得知實情，遂於宋度宗咸淳三年（蒙古世祖至元四年、西元一二六七年），命「丞相」伯顏、阿朮阿里、海牙三將大舉南侵；先攻襄陽，襄陽為南宋上游軍事重鎮，宋將呂文煥堅守不屈，蒙古軍圍攻六年不下。

宋咸淳九年（元世祖至元十年、西元一二七三年），阿里、海牙用西域人阿老區丁、易思馬製造火礮，先下樊城，而襄陽以賈似道矇蔽軍情，不遣援軍，繼亦失陷。文煥投降蒙古，北方屏障已失。

元軍下襄陽，元世祖擬暫止南侵，宋降將劉整則力促趁勝平宋，於是元大造戰船，積極準備南侵，並委水師指揮於劉整。

宋咸淳十年（元世祖至元十一年、西元一二七四年），伯顏分四路渡江，鄂州援絕陷落；賈似道軍次蕪湖督諸路軍，並號召勤王兵；而黃州、江州、安慶先後降元。

宋恭帝德祐元年（元世祖至元十二年、西元一二七五年），度宗次子㬎，四歲卽位，是為恭帝。文天祥起兵勤王。元世祖命伯顏為「統帥」，海路三路趨臨安，蕪湖、揚州、建康、江、淮、荊南盡失。宋恭帝貶賈似道至循州，鄭虎臣殺之於途。伯顏自建康進攻臨安，宋乞和不成。

宋德祐二年（元世祖至元十三年、西元一二七六年），元兵合師臯亭山，臨安不守，宋恭帝迎降，被擄北去，南宋遂亡。

苦守揚州的李庭芸敗死，「宰相」陳宜中走福州，與文天祥、陸秀夫、張世傑等立度宗子益王昰卽位，是爲端宗。文天祥、陸秀夫「知樞密院事」。元將阿牢罕等分道南下，福州尋陷，泉州「市舶使」蒲壽率海船降元，端宗輾轉走廣東潮州、惠州。適海都在西北猖亂，元世祖召伯顏及諸將北返。

此時，殘宋尚有閩、粵、贛、湘部分領土，文天祥圖復江西，爲元將李恆所襲，兵敗潮州。

宋帝昰景炎三年（元世祖至元十五年、西元一二七八年），元軍再入廣東，張世傑奉端宗走秀山，至綱州（廣東吳川南海中）病殂。陸秀夫復立端宗弟衞王昺繼位，改元「祥興」，移住廣東新會崖山。元「都元帥」張宏範於粵東五坡嶺，執文天祥。

宋祥興二年（元至元十六年、西元一二七九年），張宏範以水師進圍崖山，張世傑率舟師突圍，遇颱風覆沈。陸秀夫負帝昺投海，謝太后及諸臣從溺者甚衆，殘宋至是亦亡。

南宋自高宗臨安建國，凡一百五十三年，合北宋一百六十七年，共三百二十年，君主南北各九。

元滅南宋後，分中原爲十一區，各設「行中書省」治之。蒙古人深入長江流域與粵江流域，開國史上邊疆民族入主中國的先例。

（二） 宋代仁人志士的忠節相望

中國自隋、唐以降，士大夫諂媚之風大盛，鮮廉寡恥尤多，迄乎五代世亂日亟，士大夫對國家興亡存滅，更視若無睹。

宋代理學昌盛，針對此弊，提倡民族氣節，闡揚春秋大義，矯正社會風氣；故宋儒多注重個人修養，砥礪忠節，因有「餓死事小，失節事大」之說。太學生亦多通達時務，敢直言論政，而宋帝以禮待士，故士大夫樂願為國効力，矢向忠義；「宋史」云：

「士大夫忠義之氣，至於五季變化殆盡。宋之初興，范質、王溥猶有餘憾，藝祖首褒韓通，次表衞融，足示意響。厥後，西北疆埸之臣，勇於死敵，往往無懼。眞、仁之世，田錫、王禹偁、范仲淹、歐陽修、唐介諸賢，以直言讜論倡於朝。於是中外縉紳知以名節相高，廉恥相向，盡去五季之陋矣。」

元世祖以雷霆萬鈞之強大軍力，南下伐宋，以元、宋國勢比較，元軍不難勢如破竹，一舉滅宋，但元世祖自南宋度宗咸淳三年（蒙古世祖至元四年、西元一二六七年），遣師南侵，至南宋恭帝德祐二年（元世祖至元十三年、西元一二七六年），克服臨安，擄走宋恭帝止，首尾達十年，始將南宋正統消滅。但依然不能統一中國，繼續遭遇宋人四年的負隅抗戰。他們捨生忘死，不為屈服的愛國精神，明知不可為，而盡匹夫之責，以挽救狂瀾於既倒的孤臣孽子之心，是令人欽敬的。而這種愛國精神的表現，無疑秉於理學之影響。

明儒葉伯巨對宋代社會風氣的評議說：「昔者宋有天下，蓋三百餘年，其始以禮教其民。其當盛時，閭門里巷，皆有忠厚之風；至於耻言人之過失。洎夫末年，忠臣義士，視死如歸，婦人女子，羞被汚辱，此皆教化之效也。」故元軍兵臨臨安，宋室諸臣如陳宜中、張世傑、陸秀夫等，擁立益王昰（端宗）正位福州，繼續抗元，端宗雖因元軍追逼而死，但文天祥、陸秀夫仍以不屈不撓之反抗精神，繼立端宗弟衞王昺（帝昺）就位崖山，力圖匡復宋室，卽爲宋忠臣義士之最佳表現。終因文天祥兵敗被俘，陸秀夫爲免國君受辱，負帝躍海而死，宋室江山遂淪爲異族統治。

宋亡元興，宋遺臣不忘故國，潛往海外，以圖恢復者，頗不乏人；例如陳宜中、沈敬之等之求援於占城；熊飛之求援於日本，均懷孤臣孽子之心，以圖匡復故國山河。事固不可以成敗論，然宋代忠臣義士之愛國精神，當永留史册，爲後世所師法。

三　世界史上的曠世大帝國——元朝

蒙古自成吉思汗開基，至忽必烈建立元朝而滅宋的七十四年間，爲世界史上唯一的「曠世大帝國」，亘古所未有；橫貫亞洲大陸，深入東歐，盛元版圖轄有亞洲西北、歐洲東北的欽察汗國；亞洲西南的伊兒汗國；亞洲中部的察合臺汗國及統治天山南北路的窩闊臺汗國；

帝國中堅是中國及蒙古。其四至是東達太平洋（日本海）；西抵多瑙河；南迄摩洛哥及尼羅河流域；北至北冰洋（西伯利亞）。故義人馬哥波羅在「行紀」中，稱譽元世祖是「自亞當以來，迄於今日（十三世紀）世界人類、土地、財產最大的君主」。

四　蒙古對世界文化的貢獻

蒙古崛起於遊牧，以武力建國，初無文化可言，惟對開闢交通，傳布東西兩洋的文化，厥功甚偉。當蒙古太宗窩闊臺時，凡各宗王封國的轄境，均設置「驛站」，每站有驛夫二十人、驛馬和使者廩餼及車、牛等。西至東歐，東達東亞，商販互通，行旅無阻，在東西洋交通上開一嶄新局面；陸路經由天山南北路，海道則經由波斯灣和印度洋，以達中國的泉州、福州諸港。義大利威尼斯人馬哥波羅的東遊中國，卽在此時，他的「行紀」盛讚元代都城之雄偉，宮廷之壯麗，譽爲「並世無兩」。

蒙古諸大汗對各國人士，一視同仁；對各宗教，一如安息和大月氏人的寬大態度；羅馬教皇英諾森第四於西元一二四五年（蒙古太宗后那馬眞氏稱制時期），派柏朗嘉賓，法國國王路易第九亦於西元一二五三年（蒙古憲宗三年），遣羅伯魯克東赴中國，擬約請蒙古加入「十字軍」，以壓制回教徒。但蒙古人對基督教徒固所歡迎，對回教徒亦不願壓迫。

元至元三十一年（西元一二九四年），元世祖請羅馬教皇派傳教士前來中國傳教，惟此

時歐洲的基督教會正日趨腐敗，故對至中國傳教一事，未曾盡力。（同年，元世祖病歿）

歐洲客商，聯袂偕來，或謀什百之利，或圖仕祿於元朝，如義大利人馬非倭、尼克羅兄弟及尼古羅子馬哥波羅三人，留仕元廷達十七年。

商旅之外，阿剌伯、波斯、印度學者，及法蘭西、義大利藝術家，多偕傳道僧侶及宗教使節等東來，歐西美術及西亞之文字、天文、數學、醫術、工技，遂多輸入中國；而中國之印刷術、火藥及羅盤針等基本發明，亦傳入西方，東西文化、經濟傳輸之盛，為前史所未有。

貳拾　南宋與王氏高麗的關係

一　南宋加强防金措施

南宋立國江南，爲防範金人自海上來襲，對沿海航路圖特別注意。據「玉海卷」云：「紹興二年（西元一一三二年）五月辛酉，樞密院言：『據探報：敵人分屯淮揚、海州，常慮以輕舟南來，震驚江、浙。』詔兩浙路帥司，速遣官相度控扼，次第圖本聞奏。」而金人因欲南侵，對航海圖及添置戰船亦頗重視，據「建炎以來繫年要錄」（紹興五年十二月條）說：

「是多，僞齊劉豫（按豫附金稱齊帝）獻海道圖及戰船木樣於金主亶（金熙宗），金主亶入其說。」

宋爲加強海防，在沿海一帶設置「斥堠」，據「建炎以來繫年要錄」說：

「建炎元年（西元一一二七年）六月辛巳，詔京東帥司相度自登、萊至海州，置斥堠烽燧等事。」

繼於四川、江南、兩浙、荊、襄設立斥堠。據「宋史會要」說：

「紹興二十九年（西元一一五九年）二月二十五日，秘書省校書郎洪邁言：『諸路郵傳舊制每二十五里，置舖一所，列卒十有二人。軍興以來，凡過蜀道者，或有斥堠，九里一置，亦列卒十有二人。自黃敏行建請江、浙、荆、襄之間，舊無斥堠者，一切增創招募，一縣多至四、五百人，而二十五里舖又復立，鱗次相望，既有月給，又有俸麥，又有衣糧，又有食錢，以禁軍三人之費，不能贍一走卒。』」

復於宋紹興三十年（西元一一六〇年），新設「擺舖」，據「宋史會要」說：

「建炎三年（西元一一二九年）初立斥堠，紹興三十年又創擺舖，立九里或十里一舖，止許承傳軍期緊切文字。」

「斥堠」與「擺舖」，職司軍事情報，其主要對象，無疑是金人。

二　南宋與王氏高麗外交關係的疏淡

南宋特重防金，而王氏高麗於宋靖康元年（西元一一二六年）對金稱藩，高麗對宋雖保持外交關係，但宋人頗具戒心，蓋疑其爲金人擔任間諜。因之，當高麗使臣入宋，宋人處處防備，甚或不敢接待。

是故自宋孝宗隆興二年（西元一一六四年）以迄南宋滅亡（宋恭帝德佑二年、西元一二七六年）的一百一十二年間，南宋與王氏高麗的外交關係，頗爲疏淡。

貳拾壹　南宋時期中日關係

一　南宋時代正當日本「武門興隆時期」

南宋立國江南，中國史上復有南北政權對峙的重演。南宋雖係偏安之局，惟新文化的產生（理學），誠爲中古學術思想放一異彩，對後世影響頗大。

此時，日本正當「武門興隆時期」，蓋西元一〇六八年（宋神宗熙寧元年），後三條天皇卽位，著手整理莊園流弊，並抑制藤原氏。惟桓武後裔平氏與清和後裔源氏繼之而起，武家勢力日漸擴大，日廷又復受制於新興的武士。

迨日本平治元年（宋高宗紹興二十九年、西元一一五九年），二條天皇卽位，源義朝因平清盛與藤原通憲相結，權勢日盛，乃出兵討之，結果源義朝兵敗被殺，其子賴朝被俘，日史稱爲「平治之亂」。平清盛遂以地方「國司」，一躍而爲「太政大臣」，大權在握。一族之中，位列公卿者，達十餘人，爲平氏一門全盛時代。平氏因女德子爲高倉天皇之后，爰步藤原氏例，以外戚把持政權，天皇形同虛設。故南宋時代，日本因軍人執政，日史稱之「武門興隆時期」。

二　南宋與日本的關係

平清盛執政後，對外政策採行「進取主義」，積極獎勵海外貿易，故日書有謂：「平清盛出，日、宋之交通乃繁。……見日、宋貿易之有利，乃大獎勵之。曾於攝津福原構別莊，修兵庫之港，通音戶之海峽。當時賢明如藤原兼實亦批評之曰：『天魔之所為歟！』然清盛不為之動，招宋人於福原之別莊，特請白河法皇臨視，此無非欲提倡日宋貿易耳。」（玉葉記）

宋孝宗乾道八年（日本高倉天皇承安二年、西元一一七二年），明州刺史贈方物並牒書致日，欲開展中、日貿易，惟牒狀書「賜日本國王」，日廷大譁，「大外記」清原賴業主張迅即退還（玉葉記），卒因平清盛熱心貿易，不顧盈廷反對，回禮宋廷。故守舊派之公卿有謂：「天魔之所為」，即諷刺清盛之所為也。

故「宋史日本列傳」說：

「孝宗乾道九年（日本高倉天皇承安三年、西元一一七三年），始附明州綱首以方物入貢」。

自此，中、日交通漸繁。

茲據「宋史日本列傳」所載，可略知日人來宋日漸增多。

㈠宋孝宗淳熙二年（日本高倉天皇安元元年、西元一一七五年），日船火兒滕太明毆死鄭作，宋孝宗詔械太明，付其綱首以歸。

㈡宋淳熙三年（日本高倉天皇安元二年、西元一一七六年），日舟遇風飄流明州，衆皆不得食，行乞至臨安府者百餘人，孝宗詔人給錢五十文、米二升。俟其國舟至日遣歸。

㈢宋淳熙十年（日本安德天皇壽永二年、西元一一八三年），日人七十三名飄流華亭縣，詔給常平義倉錢米賑之。

宋光宗紹熙年間，日本政變，爲日本史上的一大轉變。源賴朝擊敗平氏，統一全國，於西元一一九二年（宋光宗紹熙三年、日本後鳥羽天皇建久三年），以「征夷大將軍」名義，開府鎌倉，號令全國。

在平清盛時代，對政令的推行，仍須「挾天子而令諸侯」，但鎌倉時代，公卿政治已亡，天皇成爲傀儡，中央及地方軍政大權，均爲「幕府」掌握，「武家政治」趨尖峯之發展，日史稱之「鎌倉幕府時代」，爲幕府專政之始。

源賴朝開府鎌倉後，中、日交通並未因日本政變而中斷，故在宋紹熙四年（日本後鳥羽天皇建久四年、西元一一九三年）、宋寧宗慶元六年（日本土御門天皇正治二年、西元一二〇〇年）以及宋寧宗嘉泰二年（日本土御門天皇建仁二年、西元一二〇二年），宋廷對日船飄流國境者，均予周濟。此點不僅說明宋廷對日人的存撫有加，且亦證明南宋時代，中、日貿易頗稱發達，交通往來不斷。

日本三代將將軍源實朝對日、宋貿易極爲奬勵，且對宋特別傾慕。宋寧宗嘉定九年（日本順德天皇建保四年、西元一二一六年），源實朝欲入宋。「吾妻鏡」說：

「實朝夜夢赴宋入某寺，觀長老陞座說法，實朝問其時在座聽講僧侶以寺名。僧曰：『此乃京都之能仁寺。』又問曰：『此長老爲誰？』答曰：『乃此寺之開山南山宣律師也。』又問曰：『宣律師圓寂已多年，何今尙存？』答曰：『汝所不知，聖者難測，生死無隔，可隨處現。律師現在誕，即日本國實朝大將是也。』又問：『侍者爲誰？』曰：『侍者亦再誕，即日本國鎌倉雪下之供僧良眞僧都是也。』實朝於夢中問答數刻而醒。實朝覺此夢不可思議，乃遣使往招良眞。殊不知良眞亦作同樣之夢，亦覺不可思議，遂趨往謁實朝，於途與實朝之使相遇，相偕而至鎌倉。良眞謁實朝時，實朝先問其爲何而來？良眞告以夢中之事，實朝曰：『與我夢合。』於是實朝遂自信爲南山宣律師之後，欲親謁其靈跡，遂興入宋之志。」

「建保四年六月十五日，實朝又延見東大寺大佛之佛工宋人陳和卿，和卿爲一有識之士，在昔源賴朝曾欲引見之，和卿未從命。和卿謂賴朝多害人命，罪孽深重，不願會晤此種人，遂未謁見。當時賴朝之勢，天下無匹，但和卿不從其命。然而實朝之時，彼謂實朝爲權化而再誕（按指實朝昔爲宋明州育王山之長老），自請謁見。當彼謁實朝時，三拜而啼泣，實朝昔爲宋朝育王山長老時，彼爲其門弟子。先是，實朝於建曆元年（西元一二一一年）六月三日丑刻，夢一高僧告之曰：『自今六年之後，有陳和卿謁見之事。』實朝以其與其夢相合，遂益信仰陳和卿。」

源實朝於是決意渡宋，參詣育王山，詢陳和卿以宋之國情。建保四年，命陳和卿督造大船，並派定扈從六十餘人，以為渡宋之準備。時幕府執權北條義時、泰時等力諫，不納。翌年四月，大船竣工，浮泊於由比濱，實源親臨參觀，惟以港濱水淺，不宜於大船出入，入宋計畫遂止。

源實朝因未能渡宋，乃以良眞等十二人為使，施金銀財貨於宋京之能仁寺。

迨宋度宗咸淳四年（日本龜山天皇文永五年、西元一二六八年），北條時宗任鎌倉幕府執權時，忽必烈致牒狀於日本，要求元日通好，兩國關係遂趨險惡。但南宋與日本之商務及僧侶之往來，絡繹不絕。

三　南宋時代中日貿易

宋商至日，以九州之博多及肥前（佐賀）之平戶為貿易港。

在鎌倉幕府未成立以前，宋商至日後，概承前代舊規，先與太宰府交易，然後始許與日本民間貿易。

及至鎌倉幕府時代，「鎭西守護」少貳氏及「鎭西奉行」大友氏先後興起，海外貿易權始由太宰府移至二氏掌握。

宋商輸日貨物，仍以書籍、織物、香藥、茶碗爲主；而宋錢亦大量流入日本，致造成南宋的「錢荒」；按宋錢流入日本，自宋初已開其端，宋太祖曾有禁錢輸日之令，宋神宗時王安石解禁，遂大量流出，南宋高宗復下禁令，嚴加防範。

南宋對日之貿易港爲明州（浙江寧波）等地，宋高宗時，設「市舶司」於秀州華亭縣（松江），管轄杭州、明州、溫州、秀州、江陰等五市之「市舶務」。至宋寧宗時，僅存明州一處，其他四市舶務，均已先後撤除。其時，日船航路多發自博多灣，經九州肥前的值嘉島，橫斷東海而入宋。南宋中葉，日商至宋者，不限明州一地，而江陰、泉州、秀州等處，亦皆有之。

日商入宋港時，宋市舶司官吏檢查貨品後，經過「抽分」、「博買」，始許與宋商人交易。所謂抽分，即抽取貨物幾分之幾；博買又稱「官市」，以低價收買貨物，惟以不虧損商人本金爲原則。抽分、博買，爲宋代對一般外舶入港徵稅之通例，不僅限於日本。

日本商品輸入宋代者，仍以砂金、水銀、硫黃、松板、杉板等爲大宗，蒔繪、螺鈿、水晶、刀、劍、扇等次之。

據加藤繁之「唐宋時代金銀之研究」說，日商所齎黃金最多之年，總額多至四、五千兩。趙汝适之「諸蕃志」說：「（倭國）多產杉木、羅木，長至四十丈，徑四、五丈餘，土人解爲枋板，以巨艦搬運，至我泉貿易。」又日僧入宋時，亦多携帶大批木料奉修宋寺者，如重源購輸日本周防之木料，營造明州育王山之舍利殿；榮西亦輸送大批木料，奉修宋明州天童山之千佛閣，圓爾辨圓聞其在宋掛錫之杭州徑山火災，募化千板送之。此均爲其顯著之事例。

南宋中葉以降，日船入宋甚多，「開慶四明續志」說：「倭人冒鯨波之險，舳艫相銜，以其物來售」。可證日船入宋之繁。而宋船至日者亦復不少，日本爲防止虧損，乃予限制。「吾妻鏡」說：

「評定唐船事，有沙汰，被定其員數，即今日被施行之，唐船者五艘之外不可置之，速可令破却。」

此事在宋理宗寶祐二年（日本建長六年、西元一二五四年），限定宋船爲五艘，蓋在此之前，其數當必更多。

南宋時期，中、日雖無正式國交，惟因貿易的進出，及民間的自由往來，兩國關係迄未中斷。復因南宋文化適合日本新起武家的好尚，日人除大量吸收中國文化外，更將日本文化輸入中國，因而促進中、日文化的交流。

四　南宋時期日僧往來日宋傳播文化

北宋時期，日僧奝然等攜貢物入宋，獲宋帝召見及厚賜，且嘗爲中、日兩國朝廷傳遞贈物，而名列正史。

南宋之世，禪宗大盛，日僧入宋學禪，接踵而至。惟限於以臨安爲中心之江南一帶，蓋禪宗名剎，多散布於江南，江北之地爲金人所占，不能任意巡遊。

南宋時，日僧入宋，人數頗衆，對傳播中國文化致力頗大，玆擇其成就最大者，依年代順序，介紹如次：

㈠重源——亦稱俊乘坊，於宋孝宗乾道三年（日本六條天皇仁安二年、西元一一六七年）入宋，擬參詣五臺山，因五臺山佛蹟爲金占領，乃改詣天臺山、育王山。翌年，歸日，攜回宋版「大藏經」、淨土五祖像及十六羅漢像。重修東大寺。又由日本周防購木材運宋，修造育王山之舍利殿。其對社會事業，頗多貢獻。

㈡明菴榮西——宋孝宗乾道四年（日本六條天皇仁安三年、西元一一六八年），入宋，巡遊天臺山、育王山佛蹟。同年，歸日，攜回天臺宗之「新章疏」六十卷，傳茶種及飲茶之風於日本。

宋孝宗淳熙十四年（日本後鳥羽天皇文治三年，西元一一八七年），榮西再度入宋，學禪於天臺山萬年寺之虛菴懷敞，後隨懷敞住天童山，遂嗣其法。宋孝宗賜以「千光法師」之號。宋光宗紹熙二年（日本後鳥羽天皇建久二年、西元一一九一年），歸日，先後在博多建聖福寺、在鎌倉建壽福寺、在京都建建仁寺，盡力鼓吹禪宗。

日本禪宗雖不自榮西始，但得榮西之力而漸盛，故日人稱之爲日本禪宗之「開山祖」。

㈢俊芿——亦稱不可乘俊芿，於宋寧宗慶元五年（日本土御門天皇正始元年、西元一一九九年），偕弟子安秀、長賀二人入宋，巡禮天臺山，學律宗於明州景福寺之如菴。又往明州雪竇及臨安徑山學禪；復就華亭縣之超果院學天臺宗。後至臨安，與禪宗、律宗諸名師論道。在宋十二年，於宋寧宗嘉定四年（日本順德天皇建曆元年、西元一二一一年）歸日，攜回經典頗多，計有：「律宗大小部文」三百二十七卷、「天臺教觀文字」七百六十卷、「華嚴章疏」一百七十五卷、儒道書籍二百五十六卷、雜書四百六十三卷、法帖御書堂帖等碑文七十六卷、水墨羅漢十八幅，及釋迦佛像等。

俊芿在京都創建泉涌寺，高倉、後鳥羽、順德三天皇，先後向其皈依。泉涌寺後來成爲日本律宗重鎮。

㈣明全——榮西之弟子，偕其徒道元、廓然、亮照於宋寧宗嘉定十六年（日本貞應二年、西元一二二三年）入宋。翌年，在天童山於其先師榮西之忌辰，捐楮卷千緡於諸庫，後客死於天童山。道元歷訪天童山、徑山，學禪於天童山之如淨禪師，在宋五年，歸日後，開興聖寺於山城，又建永平寺於越前，傳曹洞宗，爲日本曹洞禪宗之開祖。

道元弟子寒岩義尹、徹通義价，亦相繼入宋學禪，歸國後致力弘揚禪宗。

㈤圓爾辨圓——榮西之法孫，於宋理宗端平二年（日本四條天皇嘉禎元年、西元一二三五年）入宋，巡禮大童、淨慈、靈隱諸寺，復登徑山，學法於無準師範，留宋六年回國。在京都創東福寺，號「聖一國師」，致力弘布禪宗。其門下悟空敬念、心地覺心、白雲惠曉、無關普門等，均陸續入宋求禪。

圓爾辨圓講學及著述，常提及程明道學說，對宋理學傳播甚力。

㈥南浦紹明——宋理宗開慶元年（日本後深草天皇正元元年、西元一二五九年），入宋，曆遊五山十刹，爲淨慈寺虛堂智愚的法嗣。在宋八年，回國後，先後住京都萬壽寺及鎌倉建長寺。日本純粹禪宗之盛，實得力於南浦紹明，當然亦歸功鎌倉幕府提倡之力。其著名弟子妙超，號「大登國師」，爲大德寺之開山祖。

南宋之世，日僧入宋，自宋孝宗乾道三年，始自重源，至南宋之亡，止於靈果，凡一百一十一年，中、日史籍可稽者，約八十餘人；不知名者，爲數甚多。宋人語錄中，僅載日僧之名號，而無詳細事蹟者亦多。

南宋初期，入宋日僧，以重源爲代表，承北宋日僧入宋之後，祇爲修行，非爲求法；詣聖蹟，參佛像，求解脫，如北宋日僧奝然、成尋等然。

南宋中期，日僧入宋，旨在求法，主要目的在傳律宗。蓋律宗自唐代揚州僧鑑眞傳日，日本孝謙天皇時代大盛，迨至平安時代式微；迄至南宋，其統殆絕，故俊芿及其弟子入宋求法，以圖中興。

南宋末期，日僧入宋求法，主要爲禪宗，以榮西及其弟子爲代表。此後，禪宗獨盛，而宋之禪僧如蘭溪道隆、兀菴普寧等至日，更助禪宗之興盛。（本節參考日書元亨釋書、東大寺供養記、吾妻鏡、泉涌寺「不可」法師傳、永平三祖行業記、聚一國師年譜、大應國師語錄、鎌倉五山記等書）

貳拾貳　宋代中國典制學術風靡王氏高麗

一　宋代王氏高麗崇尚中國文化

亞洲國家受中國文化影響的，有日本、泰國、越南、琉球、馬來、緬甸、印尼、菲律賓等國，而影響最深，關係最古，利害最密切的，是大韓民國。

宋代，王氏高麗崇尚中國文化尤深，可從宋徽宗宣和五年（高麗仁宗元年、西元一一二三年），徐兢奉使「高麗圖經」中，略窺梗概：

「唐貞觀初，太宗用魏鄭公之一言，以仁義爲治，恢廣學校，崇尚師儒。當是時與議大臣，猶有疑而未知其爲益者，彼國乃遽遣其英秀子弟，請教京師。後長慶中，白居易善作歌行，雞林之人，引領歎慕。………勃然雨化，閭閻秩秩，服膺儒學，雖居燕韓之左僻，而有齊魯之氣韻矣。

比者，使人到彼，詢知臨川閣藏書至數萬卷，又有清燕閣，亦實以經史子集四部之書，立國子監，而選擇儒官甚備。新敞黌舍，頗遵太學月書季考之制，次第諸生。上而朝列官吏，閑威儀而足辭采，下而閭閻陋巷間，經館書舍，三兩相望。其民之子弟未婚者，則羣居而從師受經。既稍長，則擇友各以其類，講習於寺觀，下逮卒伍童稚，亦從鄉先生求學。嗚呼！盛哉。」

此時，遼、金先後崛起於北方，宋室國勢不振，但王氏高麗的崇尚中國文化，毫無改變。

特別是「興隆期」的高麗，所受中國文化影響最大；所謂「興隆期」，即指由第十一代文宗，而順宗、宣宗、獻宗、肅宗、睿宗約七十六年之一段時期，正當宋代仁宗、英宗、神宗、哲宗、徽宗在位。在此時期，高麗文化如百花怒放，從佛、儒，直至一切制度、美術、工藝、貿易，均有進展。尤以文宗朝，一掃前朝弊政，改革制度，關心民間疾苦，致力文治，使高麗文化趨至頂峯。

高麗佛教之特點，係以國都為中心，故開京為高麗佛教都市。高麗文宗四年（宋仁宗皇祐二年、西元一〇五〇年）興工的興王寺（在開豐郡），費時十二載落成，計二千八百間，成為傾國大學。傳興王寺落成時，開燃燈大會亙五晝夜，自闕內至寺門，遍結綵棚，道路兩旁，火樹燈山，燦爛輝煌，光明勝白晝，文宗親領百官奉佛。

當時高麗熱中佛法，謂有裨國家的繁榮，對般若、金剛、華嚴、法華、藥師、仁王各經，亦極重視，除經常講誦及抄寫經典外，且有穿著法服的僧徒，步行念誦於開京的街道，名為「經行」。

被稱爲高麗天臺宗的開山祖師，而以主張「教觀兼修、教禪合作」著名的「大覺國師義天」，就是文宗第四王子。宣宗（義天之兄）二年，義天率弟子，密乘商船入宋，歷訪名刹高僧，自淨源法師、慈辯大師，質得華嚴與天臺教理，留宋一年又二月，歸國時攜回佛書三千餘卷，獻與宣宗。義天奏請於興王寺內，置「教藏都監」，並由宋、遼、日各地，購入佛書刋行，共達四千七百餘卷，世稱「義天之高麗續藏經」，以別於前由顯宗朝至文宗朝刻板的佛經。肅宗二年，開京國淸寺落成，義天於此寺創天臺宗，並匯集九山禪門名僧，以掃教禪分爭之弊。

義天非僅精於佛學，且通儒、老諸學。

當時高麗智識階級，認爲佛教是以人的內在生活，亦卽精神生活爲其主體的教理，而儒學則是著重於人的外表生活，亦卽實際生活的教義。易言之，當時儒、佛界一般見解，以佛教爲「修身治己」、「安心立命」之教，亦卽注重來世生活的宗教；儒學則是「齊家治國」之學，亦卽有關政治、經濟的學問。在高麗初期、中期，儒佛兩家大抵表裏並立，保持密切關係，頗多儒者同時信佛，而僧侶亦通儒學。

高麗儒學自光宗九年（西元九五八年）仿效唐制，採用科擧制度，成宗推行儒家政治以來，碩學巨儒，相繼輩出；至文宗時以臻隆盛。惟當時儒學，非以經學或理論爲中心，而傾尙於詞章文藝，此於當時科擧，製述科（文藝）重於明經科，可以爲證。

在高麗文宗朝，有「海東孔子」之稱的崔沖，幼時即好學善文；穆宗時，中科舉，後歷仕顯宗、德宗、靖宗三朝，至文宗初，以「門下侍中」（首相），輔翼政治，定法律，整農政。文宗九年，以高齡退野，但仍致力教育，私設學園，指導後進，四方學子雲集其門。將學班分爲九齋，有「九齋學堂」之稱。學科率以經學、史學、文藝爲主。

此外，鄭位傑、金尙賢等十一人，設私學於開京，達十一處之多，合崔沖共十二處，大開講學之風，世稱「十二徒」。高麗文運日昌。

高麗肅宗好學，博通經史，於國子監內，設「書籍舖」，將祕書省所藏貴重板本，儲藏其中，並印刷出版。

高麗睿宗致力官學的振興，設「七齋」於國學，考選學生，修業四年。所謂「七齋」，即七種學科講座：「麗澤齋」講周易；「待聘齋」講尙書；「經德齋」講毛詩；「求仁齋」講周禮；「服膺齋」講戴禮；「養正齋」講春秋；「講藝齋」爲武學。前六齋，稱爲「儒學齋」，第七齋，稱爲「武學齋」，故國學中，有文武兩學。其後，設「養賢庫」於國學，並興建大規模校舍，以發展國學（大學）。

睿宗是好文愛士之君，派學生入宋深造，且於闕內，設「清讌閣」、「寶文閣」等學術機構，選學士主其事，因之，高麗文風大振，鴻儒碩學者輩出，如金仁存、朴昇中、郭輿、鄭沆、李仁實等，都是當年知名之士。

興隆期的高麗，對外施展和平政策；西北對契丹維持謙讓友好關係；東北對女眞亦恩威兼施，西向對宋，始終以正統視之，使節與商客往來不絕，卽對日本，亦有商船往來；而歷代爲政者，亦能致力內治，尤與宋文化接觸，深受薰陶，以形成高麗文化的黃金時代——儒、佛昌盛。

二　兩宋典制對王氏高麗的影響

宋太宗太平興國七年（西元九八二年），王氏高麗成宗改官號。

宋太平興國八年（西元九八三年），高麗置定三省、六曹、七寺、十二牧；其中之「中樞院」，卽採用宋朝新設的「樞密院」制度。

宋太宗淳化四年（西元九九三年），高麗置「常平倉」於兩京十二牧；宋太宗至道二年（西元九九六年），高麗置「義倉」；均是中國自漢以來防荒平糴辦法，而參考宋朝實例辦理。

宋哲宗紹聖至徽宗崇寧年間（西元一〇九四年至一一〇六年），高麗肅宗以宋的「開寶正禮」爲範本，修正禮法。

宋哲宗元符元年（西元一〇九八），高麗始設鑄錢官，翌年，用「銀瓶」爲貨幣，其制以銀一斤鑄成，似本國地形，俗號「濶口」（參考朝鮮史略）。流行不廣。故至南宋高宗紹與十五年（西元一一四五年）高麗仁宗採納入宋求法的義天的建議，改鑄「三韓通寶」、「東國重寶」、「東國通寶」、「海東通寶」等銅錢，大量流通於朝鮮半島。

其他，高麗的服制也多宋化，據傳某次高麗使臣來朝，宋廷的引見官，竟分辨不出他們是高麗人。

三　宋代中韓文化的交流

北宋開國之初，禁止書籍出境。

宋太宗淳化二年（高麗成宗十年、西元九九一年），高麗遣「兵部侍郎」韓彥恭朝宋，求印佛經。宋太宗破格允准，詔以「大藏經」四百八十一函，凡二千五百卷，並御製祕藏詮逍遙詠蓮花心論賜。

翌年，高麗遣使入宋，上書請賜板本「九經」，用敦儒教，宋太宗詔給之。

宋眞宗大中祥符九年（高麗顯宗七年、西元一〇一六年），高麗「民部侍郎」郭元朝宋，宋眞宗賜「九經」、「史記」、「兩漢書」、「三國志」、「晉書」、諸子、曆日、「聖惠方」等書。

宋眞宗天禧三年（高麗顯宗十年、西元一〇一九年），高麗遣「禮賓卿」崔元信等入宋，求佛經。宋眞宗詔給之。

宋天禧五年（高麗顯宗十二年、西元一〇二一年），高麗遣韓祚入宋，表乞陰陽地理書、「聖惠方」。宋眞宗賜「聖惠方」、「陰陽二宅書」、「乾興曆」、「釋經一藏」。

宋神宗元豐八年（高麗宣宗二年、西元一〇八五年），宋哲宗立，高麗遣兩使奉慰致賀。請市刑法之書、「太平御覽」、「開寶通禮」、「文苑英華」。惟宋哲宗賜「文苑英華」一書。

此時，中國學術風靡朝鮮半島。高麗宣宗於興王寺置「敎藏都監」，購書於宋、遼、日本，至四千卷，悉令刊行。

宋哲宗元祐六年（高麗宣宗八年、西元一〇九一年），高麗遣黃宗懿朝宋，請市書。「禮部尚書」蘇軾「抗請勿許」，然卒市「册府元龜」以歸。

宋哲宗元符二年（高麗肅宗四年、西元一〇九九年），「朱子語類」云：「詔賜高麗王介甫新經三一本。」

宋徽宗建中靖國元年（高麗肅宗六年、西元一一〇一年），高麗王瑕、吳延寵等朝宋還，宋徽宗賜「太平御覽」新經一千卷，又賜神醫普救方。

同年，高麗開雕佛藏六千卷。

王氏高麗向宋求書，其愛慕中國文化之深，可以概見。

由於王氏高麗歷代儲存中國書籍甚豐，故宋帝亦嘗向高麗求書，據「文獻備考」（藝文考）說：

「高麗宣宗八年（宋哲宗元祐六年），戶部尚書李資義、禮部侍郎魏繼廷還宋，奏曰：『帝聞我國書籍多好本，命館伴書所求書目授之，仍曰：雖有卷第不足者，亦須傳寫附來，凡一百二十八種。』」

此一百二十八種書目，乃宋哲宗向高麗所求者，蓋高麗確有異本，可補中國之缺佚者。此一百二十八種書目，包括有：百篇「尚書」、「荀爽周易」、「京房易」十卷、「東觀漢記」一百二十七卷、「葉遵毛詩」二十卷、「括地志」五百卷、「說苑」二十卷、「劉尙七錄」二十卷、「劉歆七略」七卷、「古今錄驗方」五十卷、「深師方黃帝鍼經」九卷、「淮南子」二十一卷、「揚雄集」五卷、「班固集」十四卷、「謝靈運集」二十卷、「諸葛亮集」二十四卷、「王羲之小學篇」一卷、「孝經劉邵注」一卷、「子思子」八卷、「公孫龍子」一卷……等書。

王氏高麗在刻板技術方面，因受中國泥活字及錫活字之影響，而發明銅活字，轉而傳入中國、日本。

高麗文宗更令「祕書省」，大量開雕中國的「九經」、「論語」、「孝經」、子書、史書、醫書等。

此時，風靡朝鮮半島的中國學術，而表現中、韓文化交流的密切關係者，試以文學、理學、佛學、書畫四者說明：

(一) 文學

高麗士人喜愛中國文學，遠溯漢、唐時代，迨宋代，高麗士人有研究中國文學的專著：如崔惟淸的「李翰林集註」、「柳文事實」；尹誧選的「集古詞」、「唐宋樂章」、「太平廣記撮要詩」。

高麗以文學知名的，有李齊賢、金覲、朴寅亮等；而金覲、朴寅亮使宋時的詩文，更被宋人編纂爲「小華集」刋行。

高麗對中國詩文尤爲愛好，當時范鎭的文章，王安國的詩詞，均傳誦高麗。宋初新興的對聯，亦風行高麗。

中國文人如周沆、陳渭、林完等，均以文學先後出仕於高麗；而周佇（溫州人）任高麗顯宗朝的「禮部尙書」；劉載（泉州人）任高麗睿宗朝的「守司空尙書右僕射」、劉志誠（揚州人）任高麗仁宗朝的「工部尙書」，和高麗人王彬、金行成、金端中的出仕宋廷一般。這些人才的交流，足證宋代中、韓關係的深厚。

(二) 理學

宋代的學術思想和文藝，在中古史上有其特殊的貢獻和價值。理學的產生，對儒家思想有極大的影響和轉變，由說「經義」談「修身齊家治國平天下」，進而發展到「理氣心性」，促使儒學的革新。

理學倡於周敦頤、邵雍等人，博採道家與陰陽家的思想，產生「天人相通」的理論。程顥、程頤兄弟繼周敦頤衣鉢，摻以儒家大學、中庸之說，形成「內佛道而外儒家的形而上學」。朱熹繼承程頤之學，倡「理氣二元論」集理學之大成。朱熹認為「太極只是一個理字，性猶太極也，心猶陰陽也，所謂一而二，二而一也。」旨在「重道講理」，以求「性命道德」。

故宋代理學，不外揉合釋、老、儒家諸說而成，從而促進中國文化的發揚光大，進而對社會風氣的轉變，與世道人心的振作，亦大有影響。

王氏高麗深受宋代理學的影響，朱熹的著作，尤受歡迎。其曾孫朱濳（字景陶），於宋寧宗嘉定十一年（高麗高宗十一年、西元一二一八年），與七學士前往王氏高麗，定居不歸。他的後人朱錫冕編有「新安朱氏世譜」一書，跋文是朱子的二十五世孫朱伾所寫，文中記有朱濳東來後六百八十餘年的史話。

中國學者、技術人員東行到韓國的頗多，最重要而影響最大的是箕氏朝鮮的開創者箕子、孔子、朱子；更湊巧的是，他們的子孫全部或一部也久居韓國，成為韓國民族的一部分，實在是值得紀念的。（按孔子五十三世孫衍聖公浣次子昭，以元順帝朝翰林學士，陪魯衞公女大長公主下嫁。昭率妻室至王氏高麗，居水原，建「闕里祠」，奉孔子像，開後世朝鮮祀孔的風氣。）

宋代，高麗著名的理學家，有李齊賢、李穡等人。

（三）佛學

中興高麗佛教和開創高麗「天臺宗」的義天和尚，及諦觀、圓應等高麗名僧，均至中國求佛法。義天所刻的「續藏」，亦部份傳入中國；其所著的「圓宗文類」（闡佛著作），亦受宋人珍視。宋高僧寶印、惠珍等，先後至高麗傳佛，促進中、韓佛教的密切關係。

（四）書畫

宋初，中國流行歐陽詢的楷書，王氏高麗亦復如此。

宋徽宗大觀二年（西元一一〇八年），高麗睿宗重修安和寺完工，遣使入宋求匾；宋徽宗及「太師」蔡京，一時興起，各書寫一幅相贈。

宋徽宗宣和六年（西元一一二四年），高麗仁宗向宋聘請書法名家，宋徽宗以擅長篆、籀、眞、行、草的徐兢爲使臣路允迪的副手，深受高麗的歡迎。

高麗對中國的繪畫亦頗愛好，高麗文宗時，使宋的金良鑑曾以三百多緡，購中國畫。高麗肅宗、睿宗父子，每遣使入宋，常派畫家隨行，以便學習書畫。故至高麗仁宗時，高麗畫家模仿宋畫已非常逼眞。

宋徽宗看見高麗畫家李實的作品，大加贊賞，即命「翰林待詔」王可訓、陳德之等人，向其請敎。

而宋代收藏家，亦多收藏高麗畫家的書畫。

四　宋代使韓詩話

韓國爲禮義文敎之邦，與中國邦交素睦，兩國使節，均一時之選。魏、隋以前，中國所遣使節，其學行多不可考。自唐以降，則多屬中朝一流人選，其學行可於詩歌中見之。

宋代，中國與王氏高麗在外患頻仍中，兩國關係充滿友誼與和諧，故彼此均以才學優秀者爲使節或館伴，俾能應對裕如，以增兩國之友好。

宋初，使王氏高麗見於詩者，有王禹偁送柴郎中使高麗之詩（見小畜集）：

「初過淸明野色繁，柳花楡莢撲軺軒。中臺應宿郎官貴，外國占星使者尊。海水無波分島嶼，扶桑見日認藩垣。東彝休請蕭夫子，好把詩書問狀元。」

其後，王氏高麗使臣朝宋，宋廷遣使送之返國。趙鼎臣「竹隱畸士集」，有送趙延之（

億）送伴高麗人歸國詩：

「九州遺迹皆禹功，高麗之通自元豐。元豐聖人湯勇智，遠交欲斷匈奴臂。越裳九譯何自來，軺車不動麗人至。至今航海輸國珍，稽首朝正禮甚馴。吾皇寤寐率昭考，寵以大國升爲賓。海上凌秋潮信熟，去憑賈客船如屋。詔書揀選尚書郎，持節送之恩意縟。東夷北敵世爲鄰，久苦誅求夷甚貧。願歸筦鑰事天子，厭以形勢初無因。頗聞天驕國方擾，種落攻之天所討。附書憑子問三韓，畏頭畏尾何時了！天兵弔伐那可期，幽燕本自吾遺黎。請將鴨綠釀爲酒，來犒王師古北口。」

此詩言宋室對王氏高麗的隆遇，又慨宋室國力不振，不能恢復幽燕，更無力以援高麗爲歉。

劉攽「彭城集」，有錢穆甫、楊康功使高麗還，爲「中書舍人」，贈之以詩：

「天子邊人二使星，滄波一笑已揚舲。大明照海陽烏近，黑霧迎湖水怪腥。北貊左肩輸策略，西垣右掖付儀刑。授詩三百或專對，更看黃麻似六經。」

劉攽亦有送高麗使詩：

「絕域求通使，皇華益藉才。男兒萬里志，笑語片帆開。積雨生陰火，奔濤起晝雷。曝鱗成島嶼，吐氣誤樓臺。城邑東迎日，居人學用杯。詩書自天性，冠帶及家陪。歲月如勤止，登臨亦壯哉！威聲逾肅慎，仙事指蓬萊。鵬向南溟近，槎常八月來。言瞻析津次，遙見二星回。」

詩中所謂：「詩書自天性，冠帶及家陪」，指王氏高麗深受中國文化之薰陶，已成爲一禮義文教之邦矣。

宋代，外國使者入朝，所經郡邑，長吏例須送迎。張安道時鎭南京，高麗使經過，安道言臣班視二府，不可爲陪臣屈，詔獨遣少尹。可見宋室招待外使之以優禮。（本節參考彭國棟中韓使節詩話）

貳拾叁　宋代中韓工藝的交流

一　宋代建築瓷器雕塑輸入王氏高麗

宋代，中國工藝品影響王氏高麗最顯著的是建築、瓷器及雕塑。

王氏高麗在南宋中葉，建築的榮州浮石寺大殿，其格式是「出簷深遠，斗拱雄大，無普柏方，內外用梭柱」，此正是宋代寺廟建築的型式。

中國流行的庭園壘石，亦在此一時期輸入高麗，而爲高麗王宮、寺院生色不少。

高麗青瓷，在五代時，受中國餘杭「越窯」的影響，至北宋末期，高麗青瓷受到河南汝州的「汝窯」或河南定州的「定窯」的影響，其器形及花紋，更爲精進。釉面更加厚潤，色澤也更加光燦。

至於雕塑，由於高麗興王寺在北宋末期，獲得宋廷所賜「夾紵佛像」；而高麗睿宗又在宋熙寧七年（西元一〇七四年），派人至明州（浙江寧波）招募塑工，及宋徽宗於重和元年（西元一一一八年），贈送高麗安和寺十六羅漢塑像，因之，高麗所雕塑的佛像，如浮石寺木雕的釋迦與寂照寺鐵鑄的釋迦，無不具有宋人雕塑的風格。

二　王氏高麗工藝品大量輸入兩宋

王氏高麗的工藝品，亦多爲宋人所愛好，大量輸入中國，其中較著名的有：

㈠白瓷——王氏高麗在北宋末期，受「定窯」或「汝窯」的影響，之後，在花紋上創出「鑲嵌」及「推白」兩種技藝，而「火度」與「調釉」的技術，也有新的進步。結果有所謂「翡翠色雲鶴青器」，尤勝「越窯」；又因高麗模仿「定窯」和湘湖（江西景德鎭）製瓷技術的成功，而生產「白瓷」，極受宋人喜愛，將之與「監書」、「內酒」、「端硯」、「徽墨」、「洛陽花」、「建州茶」、「蜀錦」、「定磁」、「晉銅」、「西馬」並重，推許爲冠絕天下的稀世之品。

㈡紡織——高麗著名的「緊絲」、「彩罽」和各種彩紋的綾、羅、錦、繡的原料，取自中國南方的蠶絲與北方的獸毛，經過高麗人的加工織成。高麗人又利用土產的白蔴，織成「細紵」。他們的出品，有絃樂器上的絲結，裱褙書畫的花綾、白鷺綾，氈罽，紗幞頭，龍鬚草製成的草蓆，爲宋朝官宦之家所珍視，羣相爭購。

㈢銅器——高麗雖盛產銅，但製造銅器技藝，則學自中國，惟至宋代，高麗人製銅的技術，已遠勝中國，當時名賢對高麗銅器，頗爲欣賞；如蘇軾用高麗大銅盆盛置珍貴的仇池石；蔡襄向派駐高麗使臣楊康功索銅磬；曾鞏托出使高麗的友人購買銅器。

此外，高麗尚有雕鑄金銀的銅器，大抵以佛具最多（禪鑪爲其中之一）。其鑄金方法，學自中國，但雕刻之精美，又非中土所能及。

㈣紙墨——高麗輸入中國的紙，有三種：一爲搗練最精，堅韌似繭的「百硾紙」；一爲染色青雅的「鵝青紙」；一爲暢銷中國民間的「䩄卷紙」。

高麗的墨，用「老松烟」及「麋鹿膠」製成；蘇軾譽之不下於南唐李廷珪之墨。宋製墨名家潘谷，摻用高麗的「煤」製墨，蘇軾將潘谷的墨擊碎，混入高麗墨；故流傳今日的蘇軾書法和墨竹，時逾千年，猶墨香襲人。

㈤扇——高麗的扇有兩種：一爲仿自日本製造而成的「摺扇」，用琴光竹作柄，扇面染鵝青海綠，畫仕女、花木、水禽，精雅脫俗；蘇軾、鄧椿均備加讚賞。宋南渡後，臨安市街開設甚多摺扇舖，仿造銷售。一爲用加工後的水柳皮製成的「團扇」，扇面有花紋；爲高麗王室饋贈宋使的禮物之一，亦輸入中國。

貳拾肆　宋與王氏高麗的貿易

一　宋與王氏高麗貿易頻繁

王氏高麗仰慕華風，又利宋帝之歲賜，故與北宋的外交關係，自高麗光宗時開始（當北宋開國之時），交往頻繁。後因契丹惡高麗與宋接近，施以壓力，至高麗成宗時，與契丹締交，與宋斷交，但宋商的往來朝鮮半島，迄未中斷。至高麗文宗時，對宋文化欽慕日熾，而又屢受契丹侵逼，於是懷德通聘，恢復對宋邦交。

高麗與宋交通路線，原以今之黃海道沿岸及甕津口出航，越海至山東省的登州，嗣為避免契丹之注意，則約定以浙江省的明州，為中國方面的登陸地。每屆北風季節，兩浙、福建沿海港口，停泊大批高麗船舶。

南風季節到來，由開京（開城）至貞州（別名海豐）的禮成江口，尤其是碧瀾渡，有大批宋船，自中國各地湧至。特別是自宋神宗元豐八年（西元一〇八五年），取消對高麗通商禁令之後，兩國貿易益為發達。

二　宋與王氏高麗貿易種類

宋代，中國和王氏高麗的貿易，分為政府貿易與民間貿易兩種。中、韓的貿易，在唐以前，僅有使臣的交易，即韓方的貢品與中國的「特賜」。

王氏高麗對宋的貢品，有金、銀、銅、青瓷、紋羅、刀、劍、馬、貂、人參、紙、書等。

宋帝回賜的物品：禮服、樂器、書籍、金銀漆器、川錦、浙絹、茶、酒、象牙、沈香、錢幣等。

至宋與王氏高麗的民間貿易，由宋輸入高麗的商品，有綾、絹、錦、羅、瓷器，金箔、藥材、香料、書籍、茶、文房用具、佛具、象牙等。

由高麗輸入宋的商品，有金、銀、銅、人參、紙、茯苓、松子、豹皮，貂皮、黃漆、綾布、文席、摺扇、鼠狼毛筆、松烟墨等加工品，而以人參、松子、文席、紙、筆、墨、扇等，尤為宋人所喜悅。

宋貨的輸入高麗，一則增長高麗貴族富豪之奢侈生活，一則亦予高麗國內生產、手工業方面以刺激與影響，尤以書畫、瓷器等，而高麗木版印刷術的發達，即為最顯明的例證。

貳拾伍　宋代中國風俗對王氏高麗的影響

一　宋代王氏高麗君王深受中國風水堪輿的影響

中國自唐、宋以降，政府、民間均盛行風水堪輿之說，有所謂「陽宅」、「陰宅」之別。

宋眞宗乾興元年（西元一〇二二年），高麗使臣自宋攜回陰陽二宅書。

宋仁宗嘉祐二年（西元一〇五七年），高麗文宗任命擅長遁甲和風水的宋人張琬爲「太史監侯」。

宋徽宗崇寧二年（西元一一〇六年），高麗睿宗令金仁存、朴昇中等，刪定中國堪輿書，編纂「海東祕錄」。

宋寧宗慶元元年（西元一一九五年），高麗神宗命羣臣研討國內山川形勢，擬據堪輿學理建都，因設「山川裨補都監」，以主其事。

二　宋代王氏高麗民間受中國風俗習慣的影響

王氏高麗政府固深受中國風水堪輿之說的影響，而高麗民間，亦常因風水事故而生爭訟。

此外，宋人的戲劇，奕棋的消遣，飲茶的風氣（新羅時代，韓人已有飲茶的嗜好，唯至王氏高麗時代，更爲盛行），均盛行於王氏高麗。

王氏高麗婦女所穿著的短襖長裙，係因襲宋代宮中的習俗。宋蘇軾贊美婦人著裙之美，其詩有「從來不解醉紅裙」，直以「紅裙」作爲歌女姬妾的代名詞。是宋時婦人殆無不著裙者。惟今日韓國婦女所著之裙襖，質料不拘，色彩秀麗，襖短齊乳，裙長及地；其上下樓梯或街頭漫步時，多以手拽裙，「裙裾蹁躚」，極有風致。

宋時，婦人鞋底已成尖形，「老學庵筆記」說：「宣和末，婦人鞋底尖，以二色合成，名錯到底，夫鞋而有尖，非纏足不如此也，是確證已。」劉改之「詠美人足」說：「襯玉羅慳，銷金樣窄，載不起盈盈一段春，又有時自度歌聲，悄不覺微尖點拍頻，又知何似，似一鉤新月，淺碧籠雲。」意此詞是宋時婦女之足形。蓋自隋、唐以降，婦女妝飾以纖麗爲尚，至宋而已極。王氏高麗婦女亦受宋代中國婦女鞋子尖形的影響。韓女不纏足而鞋子尚尖，故有「脚大鞋小」之諺，可見韓女鞋子尚尖，殆純是繼承宋代的中國風俗。

貳拾陸　宋代中國文化對日本的影響

一　日本文化深受中國文化的影響

民國初年，芬納莫（John Finnemore）的「日本史」說：

「中國文化對於日本，影響甚大；便說日本所以有名震全球的資格，全因受了中國的影響所致，也不爲過。」

日本學者亦持同樣觀念：安藤正次的「大鐙閣日本文化史」、中村久四郎的「近世中國之對於日本文化的勢力影響」、鹽谷溫的「由文學上所看的中日關係」、內藤虎次郎的「甚麼是日本文化」等著述中，都充分說明日本文化，無論從精神上，或物質上，均是受到中國文化的影響。

試舉內藤虎次郎的「甚麼是日本文化」一則：

「把日本文化，看作當她創造她的國家底時候，便已有了，這是錯的。日本文化，總括一句話，便是東洋文化，亦便是中國文化的延長；——是從中國的古代文化一直延續到現在的。因此，如果要想曉得日本文化的起源，以及她的根據底時候，無論如何，必須先行了解中國的文化。現在，如果在歷史中，單抽出日本歷史，不曉得過去的中國事情，便要完全不能了解日本文化之由來的。」

由於中、日關係史上，中國文化大量輸往日本，先是依靠日本「遣隋使」的有計畫吸收，繼之而有「遣唐使」的大規模攝取，日本文化基礎奠定；至五代、兩宋，中、日除佛學和學術關係外，又有商務關係，錦、綾、香藥、茶碗、文具，源源流入日本；而日僧入宋，所到中國之地，遠較前代爲廣，所吸收的文化，亦較前代豐富。禪宗爲宋代新文化，日僧遍遊南宋禪院名刹，攜回福州東禪、開元二寺所雕「大藏經」，至今在日本宮內省圖書寮及其他寺院尚有殘存。而儒（含理學）、道、天文、曆法、醫學等書及碑帖等，亦由日僧自宋攜歸。

宋代社會喫茶之風甚盛，對日本影響甚大，日人視爲養生之法；初行於禪僧之間，稱爲「茶禪一味」，漸而流行於民間，而成爲「茶道」。其他美術、工藝、雕刻、製陶及紡織等，亦在宋代傳入日本。

宋代碩德高僧，東渡日本，對日人影響尤大。使日本營私縱慾、腐敗墮落的僧侶，受中國禪僧叢林嚴規的感化，而完全改觀；即使鎌倉武士，對禪宗的寡慾儉樸，視生死如一，苦修力行的教義，亦衷心悅服而虔誠皈依。於是宋代禪寺的建築型式（唐式），叢林的說法禮制、法語、偈頌、題跋，一時蔚成風尚。

中國文化，或精確謂之宋代文化，旣如此的深植於日本，日人在研究中國史事時，自然的對宋朝有一種特殊的關切；而此一時期的史料，尙有不少保存於日本，可供參考的有：「成尋參天臺五臺山記」、「善鄰國寶記」、「百練抄」、「扶桑略記」、「師守記」、「小右記」、「續本朝通鑑」、「本朝文粹」、「歷代皇紀」、「玉葉」、「吾妻鏡」、「鎌倉五山記」、「法威寺攝政記」、「朝野羣載」、「成算法師記」、「中右記」、「水左記」、「勝尾寺緣起」、「心覺入唐記」、「日本紀略」……等。

日本距離中國甚近，而所受中國宋代文化又深，故日人在研究中國史專題時，對長達三百餘年之宋代，自較西方國家人士更多注意，且在中國史料運用上，亦必較西方學者爲方便。（本節參考方豪近年來中外對於宋史的研究）

二　禪宗輸日及其對日本「武士道」的影響

禪宗創始於南朝梁武帝時之印度僧人達摩，以不講經，不著書，而以衣鉢傳授信法，因崇「禪那」，故稱禪宗。

「禪那」一詞，源出梵語，釋爲「住心於一境冥想禪論」，故以「直指本心，見性成佛」爲義。

禪宗在唐代，已盛行中國，並傳入日本，初時因附隸其他宗派之內，未受日人注意。蓋日人在奈良時代及平安初期，以研究經典佛法為主，尚不能領略禪宗精義。

禪宗在中國自五代以迄北宋，日趨盛大，至南宋時期，遍及全國。

日本自源賴朝死後，外戚北條時賴執政，惟教權掌握於皇族與貴族之手，頗受牽制，渠為脫離舊勢力所控制的天臺宗、眞言宗、日蓮宗、淨土宗的束縛，擬在鎌倉成立全國的政教中心。為達成政治目的的實現，於是捨舊教而創新教，採用純粹中國式的禪宗。築「建長寺」，迎宋高僧蘭溪道隆、兀菴普寧、無學祖元等人，主講佛法，於是禪宗漸次風行日本三島。

蘭溪道隆，號「大覺禪師」，偕弟子義翁紹仁等，於宋理宗淳祐六年（日本後嵯峨天皇寬元四年、西元一二四六年）至日，時「幕府執權」北條時賴創建大伽藍於鎌倉，聞道隆至日，即請其主持鎌倉建長寺。北條時賴受其影響頗深，於日本康元元年（西元一二五六年），委政於長時，而為幕後主持人，已則退休薙髮，法名「道宗」。

據傳宋代理學之傳日，亦始於道隆，其所著之「大覺禪師語錄」，頗與宋儒理學相近；其所示參玄之法有謂：「首正其心，誠其意，目不邪視，口不亂談」。「諸聖皆自返求諸己而已」。「古人之一言半句，皆是啓人之本心，明人之本性」。

道隆又招其弟子兀菴普寧至日，普寧於宋理宗景定元年（日本龜山天皇文應元年、西元一二六〇年）抵日，受北條時賴邀請，至鎌倉，繼道隆爲建長寺住持，（道隆回京都建仁寺），時賴率北條氏族人，屢就普寧修禪，卒達大澈大悟之域。時賴爲幕府中心人物，其之熱衷皈依禪法，並得普寧之印可，對鎌倉武士實予以莫大興奮與刺激。日本弘長三年（西元一二六三年），時賴卒，普寧因受舊教徒的誹謗，乃於宋度宗咸淳元年（西元一二六五年）回宋，留一偈云：「無心遊此國，有心復宋國，有心無心中，通天路頭活。」（兀菴禪師語錄）

普寧歸宋後，道隆由京都之建仁寺返鎌倉禪興寺。

宋度宗咸淳五年（日本龜山天皇文永六年、西元一二六九年），大休正念（佛源禪師）至日，先住鎌倉禪興寺，繼住建長、壽福、圓覺等寺，其師徑山之石谿心月，爲北條時賴所景仰，嘗遣使問法。「執權」北條時宗常從其修禪，武士歸依者甚多。正念於元至元二十六年（西元一二八九年），客死於日本。

西元一二七八年，蘭溪道隆死。同年冬，北條時宗自作請帖，遣禪僧德銓、宗英二人入宋，迎無學祖元（佛光國師）往日，翌年（西元一二七九年，即宋亡之年）偕其法姪鏡堂覺圓（大圓禪師）及弟子梵光一鏡二人抵日。祖元初住鎌倉建元寺，北條時宗一族均就之學禪，鎌倉武士皈依者亦衆。其後，時宗建圓覺寺，祖元遂爲圓覺寺之開山祖。

宣傳攘夷最力的無學祖元，當宋恭帝德祐二年（西元一二七六年），元軍破臨安，擄宋恭帝；祖元住臺州眞如寺，元兵至，諸僧逃散，獨祖元坐榻上，元兵以刄加其頸，祖元從容口述一偈：「乾坤無地卓孤笻，且喜人空法亦空，珍重大元三尺劍，電光影裏斷春風。」元兵畏之，謝罪而去。

迨日本弘安四年（元至元十八年、西元一二八一年），元軍大舉侵日，「執權」北條時宗血書諸經，請祖元代爲祈禱神佛，庇祐日本。祖元對時宗說：「一句一偈，一字一畫，悉化爲神兵，如帝釋天與阿修羅之戰。我軍得神佛之庇護，降伏魔軍，生靈安。」時宗受其鼓勵，愈堅必勝之念。終因颱風助日，元軍覆沒，日人倖免亡國之痛，日人稱此風爲「神風」。

北條時宗對禪宗信仰極深，日人贊時宗爲武士之典型，而其修養則得力於禪宗，蓋其自幼卽受禪宗之薰陶。大休正念贊時宗說：「法光寺殿（時宗）幼慕西來直指之宗，早悟卽心卽佛之旨。」

北條時宗歿後三年忌日，祖元說法時贊時宗說：「人生百歲，七十者稀。法光寺殿（時宗）不滿四十，而功業成就，在七十歲之上。治國平天下，不見喜怒之色，不見矜誇炫耀之氣象，此天下之人傑也。弘安四年，虜兵（接指元軍）百萬在博多，略不經意，但每月請老僧與諸僧下語，以法喜禪悅自樂。後果佛天響應，家國貼然。奇哲有此力量，此亦佛法中再來人也。」

北條時宗夫人於時宗歿後，亦就祖元落髮，並就鎌倉之道心寺，改寺號爲東慶寺，終生修禪於此，以弔時宗之菩提。

祖元於元至元二十三年（西元一二八六年），各死日本。

當時日本盛行於公卿武士間之禪宗，其僧寺之著名者，有鎌倉五山、京都五山；所謂五山者，乃禪宗之五官寺，係模仿宋之五山十剎之制，爲禪宗之專門修道場也。按宋之五山，是徑山（臨安西北七十餘里）萬壽禪寺、靈隱山（臨安）景德靈隱禪寺、天童山（明州東六十餘里）景德禪寺、淨慈山（臨安）報恩光孝禪寺、育王山（明州東五十里）廣利禪寺。日本入宋僧，多巡遊五山，或掛錫於各寺，其歸國後，傳宋之五山十剎制於日本，在鎌倉建立建長寺、圓覺寺、壽福寺、淨智寺、淨明寺，稱「鎌倉五山」；在京都建立天龍寺、相國寺、建仁寺、東福寺、萬壽寺，稱「京都五山」。並建南禪寺，居於五山之上。其後，五山僧侶，除修禪外，並襄助幕府之外交事務及學術之維繫，頗居重要地位。

日本受禪宗影響最大者，莫過於鎌倉武士。禪宗主「清心寡慾」，即「色即是空，空即是色」，身心的修養，高出營私縱慾的舊佛教徒多多；對生死的見解，是視之如一：「古來一句，無生無死，萬里雲盡，長江水清。」與「生一時也，死一時也，亦如春而夏也，夏而秋也，秋而多也。」而佛源禪師（大休正念）對生死之關，更有深入的啓悟：「擊碎生死牢關，便見過去心不可得，現在心不可得，未來心不可得，所謂一念不生，前後際斷，方可出生入死，如同遊戲之場，縱奪卷舒，常自泰然安靜，胸中不掛寸絲，然立處旣眞，用處得力。」

鎌倉武士服膺禪宗，澈悟生死大關，故能「臨事不亂，應旋自若」，此乃禪宗對日本武士道最大的精神影響力。

除上述禪宗的生死解脫，影響武士道之外，而中國經典對武士道亦有很大的影響；武士的佩劍，以「論語」的「見義不爲，無勇也」爲銘。一般說，「春秋」的大義，「禮記」的儒行，「孟子」的至大至剛浩然之氣，宋儒的「餓死事小，失節事大」，王陽明的「知行合一」，都是武士道的「和魂漢才」

三　宋代理學輸日

中國文化影響日本精神最深者，爲宋代之理學。日僧俊芿於宋寧宗慶元五年（日本正治元年、西元一一九九年）來華，遊學十三年，於宋寧宗嘉定四年（日本順德天皇建曆元年、西元一二一一年）歸日，佛典外齎歸有儒道書籍二百五十六卷，其中不乏理學家著作。日僧圓爾辨圓（聖一國師）於宋理宗端平二年（西元一二三五年）入宋，於宋理宗淳祐元年（西元一二四一年）歸日，攜歸有「朱子大學或問」、「中庸或問」、「論語精義」、「晦庵集註」等書。

至宋人與理學東傳有關者，則有宋理宗淳祐六年（西元一二四六年）渡日的蜀名僧道隆。而緇徒外華人傳理學於日本者，爲宋恭帝德祐二年（日本建治二年、西元一二七六年）的李用（自號竹隱）浮海至日，敎化日人，日人稱之「夫子」。在日三年，宋亡，宗邦淪喪，故棲身異域，不復返里。著有「竹隱集」，今已逸。

李用爲除禪僧外，華人傳理學至日之第一人，其聲譽雖不如朱舜水，而耿介之操，貞固之節，遭際艱屯，流離轉徙，無時無地，不以淑世淑人爲念，則李、朱二人初無二致。玆錄宋「龍圖閣待制吏部侍郎」番禺李昂英，寄贈李用詩：

「圓沙有此隱君子，短褐枯笻自一邱。安樂窩中寬宇宙，逍遙遊處眇公侯。逢人皆喜一無忤，於世何求百不憂。種德已深天必報，大兒玉立最淸修。」

讀此詩，可見李用爲人之風範。

四　宋書傳日

㈠宋眞宗景德三年（日本一條天皇寬宏三年、西元一〇〇六年），宋商曾令文以「白氏文集」及「五臣注文選」，贈送日本「攝政左大臣」藤原道長；日僧念救返日，亦獻摺本「白氏文集」，道長皆轉獻皇太子。

㈡宋仁宗初年（日本後一條天皇時），日本「中臣」藤原輔親向宋商購得「唐音玉篇」及「白氏文集」，獻贈日廷。

㈢宋高宗紹興二十年（日本近衞天皇久安六年、西元一一五〇年），宋商劉文冲以「五代史記」十帖、「唐書」十帖、「東坡指掌圖」二帖，贈送「左大臣」藤原賴長，賴長贈砂金以酬之。

㈣宋孝宗淳熙六年（日本高倉天皇治承三年、西元一一七九年），日僧自宋攜返「太平御覽」，贈送「太政大臣」平清盛，此書爲李昉等奉勅撰成，久爲日本朝野所欽慕，平氏轉贈高倉天皇。其後，復以錢三十貫向宋商購得「太平御覽」三千部。

㈤宋寧宗嘉定四年（日本順德天皇建曆元年、西元一二一一年），日僧俊芿自宋攜回儒道書籍二百五十六卷，但書名不詳，惟自年代推測，朱熹的「大學中庸章句」、「論語集註」、「孟子集註」，適於此時刊行，故俊芿攜歸之儒書，或係「朱子四書」之類，證之朱學日後在日本的昌行，當與朱熹書籍輸日有關。

五　宋版「大藏經」輸日

「大藏經」雕版始於宋太祖開寶四年（西元九七一年），完成於宋太宗太平興國八年（西元九八三年）。

宋太宗雍熙元年（西元九八四年），日僧奝然來宋求印本「大藏經」，宋太宗特賜奝然。「大藏經」初藏於日本京都法成寺，後以法成寺荒廢，「大藏經」亦散佚不傳。現存日本宮內省圖書寮之開寶敕版「大藏經」，當係仿印所成，冠以開寶年代耳。

由於宋書及宋版經之輸日，促使日本印刷業的發達。當日本寶治元年（宋理宗淳祐七年、西元一二四七年），有署名「陋巷子」者，覆刻宋槧本「論語集註」十卷，此乃日本翻印漢書之始。（參考由中敬氏「圖書學概論」）其後，有所謂春日版、高野版及其他禪林之開版事業，漸次發達。

六　曆學輸日

宋初，分曆書與天文爲二；嗣以陰陽五行之說流行，基於星宿方位，乃用以預測吉凶。日本自採用唐宣明曆以來，曆法甚少變更。宋代日僧對宋曆頗有研究；自宋太宗末年以來，僧侶參造曆之例，已開其端，稱造曆僧爲「宿曜師」，稱其道爲「宿曜道」，其造曆之精，猶在曆博士之上。而仁統法師享譽最隆，當日本三條天皇長和年間（宋眞宗時），日本曆博士賀茂守道特請仁統法師同造曆法。

七　醫學輸日

日僧榮西得宋醫口傳，歸日後，著「喫茶養生記」，詳言茶對人體有養生延齡之功：「今得唐醫口傳，治諸病無不得效驗矣。」及「此等記錄皆有稟承於大國乎！若不審之輩到大國詢問無隱歟！」

按茶在日本奈良時代，已傳入日本，惟僅作藥用。至平安朝時代，茶漸爲風雅對象；如「凌雲集」說：「嵯峨天皇行幸秋日皇太弟之池亭時，有御製詩云：『蕭然幽興處，院裏滿茶香。』夏日臨幸藤原冬嗣之閒居院時，有詩云：『吟詩不厭搗香茗，乘興偏宜聽雅彈。』」

直至榮西自宋歸日，攜有茶種在筑前脊振山、京都栂尾山等處，開始種植，於是吃茶一事，自平安朝以來，由貴族公卿的享受而普及民間。於是社會上盛行茶道、茶會，且有以飲茶作爲勝負之事。

當日本建保二年（宋寧宗嘉定七年、西元一二一四年），源實朝將軍有疾，榮西以上茶一盞及「所譽茶德之書」一卷爲獻，稱茶爲「治療良藥」。

其後，日本禪界更以茶爲修養之資，因其功能解悶、覺睡，故夢窗疎石著「夢中問答」謂：「我朝之栂尾上人（高辨）、建仁開山（榮西）皆甚愛茶，以其能解悶、覺睡，爲道行之資，誠寶物也。」

茶由藥用，進而爲飲用，更進而爲修禪之資，茶之功能，可謂發揮盡致。

除茶充爲藥物之外，另有日人木下道正在宋學得解毒丸之製法，成爲日本製藥之濫觴。而宋醫郎元房因受知「幕府執政」北條時賴，留居鎌倉三十餘年，對日本醫藥上的貢獻甚大。又如現存日本東京的「魏氏家藏方」十一册，係宋理宗寶慶三年（西元一二二七年）的槧本，據日屋代弘賢之考證，乃日僧圓爾辨圓（聖一國師）自宋攜日，此書係當年介紹宋代醫學的重要文獻。

八　美術輸日

（一）繪畫

日畫色彩的淡薄，描線粗細的顯明，顯受宋畫之影響，如奈良藥師寺內佛涅槃畫，色彩的淡雅瀟灑，即為一例。

又因禪宗的盛行，肖像圖亦流行日本。如宋禪師無準師範之肖像畫，乃日僧圓爾辨圓自宋攜日者，蓋禪宗貴行「預相授受」之禮，弟子受其師之印可，則受其師之頂相（按即肖像）以為證，由於日本盛行禪宗，故肖像畫遂亦發達。

（二）雕刻

日本養和天皇時，藤原行隆督造京都東大寺之大佛像，日人鑄師謂：「此事非人力之所及，設雖勅勸爭勵微力。」蓋以無鑄造此大佛之技能。因之頗費躊躇。卒由宋鑄師陳和卿及其弟陳佛壽等七人之力鑄成，遂開日本雕刻業之先河。

繼而南大門石獅子及四大天王像，乃宋工匠六郎等造成。

此外，奈良般若寺之十三重石塔，乃宋工尹莫吉所造。

九　建築輸日

日本寺院建築，受宋代影響最著者，爲「天竺式」及「唐式」二種。天竺式爲日僧重源自宋傳入，宋人陳和卿亦與有力。重源數次入宋，參詣五臺山聖蹟，又運木材入宋修建明州育王山之舍利殿，對寺院建築頗有心得，故其重建日本東大寺之大佛殿，純傳宋之天竺式。

唐式亦名禪宗式，乃日本禪僧傳入宋代禪刹的式樣。榮西爲日本禪宗之始祖，首傳禪宗式建築於日本者亦爲榮西。榮西兩次入宋，參加天臺山萬年寺及天童山千佛閣等修建工程，甚具建築之經驗。其歸日後，在博多建聖福寺，在鎌倉建壽福寺，在京都建建仁寺，皆仿宋代禪刹樣式。惟榮西非純粹之禪僧，亦傳其他宗派，故其所傳寺院建築，非純粹爲禪宗式。在榮西稍後歸國之道元，在山城建興仁寺；圓爾辨圓在京都東山建東福寺，亦非純粹之禪式。蓋當時日本之禪宗，非純粹之禪宗，而加入天臺、眞言之混淆的禪宗，故寺院之建築，亦非純粹之禪宗式樣。

純粹禪式之寺院，當以日本建長五年（西元一二五三年）十一月竣工之鎌倉建長寺爲始。「執權」北條時賴自宋迎禪師蘭溪道隆至日本，特爲之建立此寺，以道隆爲開山。日本建長七年（西元一二五五年），建長寺大鐘鑄成，道隆自作鐘銘，署名爲「建長禪寺住持宋沙門道隆」。日本禪寺之名自此始，而禪式之建築亦自建長寺始。

此後，日本因禪宗之發達，全國各地之禪刹伽藍次第興建，皆爲自宋歸日之禪僧所修建，而入日之宋僧亦常參與其事。當時中國禪寺之建築圖，日僧攜回者甚多；如金澤大乘寺開山徹通義价，因在宋遍歷五山十刹，親自描繪其建築與堂內之設備，故該寺藏有其所傳之「五山十刹圖」、「大唐五山諸堂記」。此外，京都之東福寺、若狹之常高寺，亦有類似之圖，殆入宋僧之所著也。

日本禪式建築流行之時，住宅建築亦受影響；住宅之所謂「書院造」及「玄關」，乃由禪寺之迴廊等蛻化而成者。

十　工藝輸日

（一）陶器製法

日人加藤四郎左衞門憤父製陶器失敗，乃隨日僧道元入宋，於天目山學得陶器製法。在宋五年歸日，在尾張之瀨戸發現良土，首創「瀨戸燒」，爲日本製陶業之始祖。

(二) 織物

日人彌三右衛門隨日僧圓爾辨圓入宋，學得廣東織法、緞子織法。歸日後，於博多首創「博多織」，名聲大噪。

日本男女喜著唐綾織物及唐綾小袖等，多仿宋人服飾。此外，尤喜購用宋人商品，當時宋商交易品，以綾錦織物、珍貴藥品及精製工藝品爲多，日人亦多仿製。

貳拾柒　日本美術工藝品輸宋

一　中日文化互換之始

自漢武帝時，中國文化經由朝鮮傳入日本以來，日人致力進取，文化之進展，有一日千里之勢。迨至宋代，日本一方面攝取中國文化，一方面亦將其本國文化輸入中國，爲中、日兩國文化互換之始。

二　日本美術工藝品輸宋

日本男女喜著唐綾織物，因仿宋人服飾，製作美術工藝品，如金銀時繪、螺鈿、琥珀、水晶、紅黑木、念珠、扇，以及屛風等輸入中國，尤以日本扇最爲馳名。據「皇朝類苑風俗誌」說：

「熙寧（宋神宗年號，當日本白河天皇時代）末，余遊相國寺（寺在宋都開封），見賣日本扇者，琴漆柄，以鴉青紙，如餅揲爲旋風扇，淡粉畫平遠山水，薄傅以五彩，近岸爲寒蘆衰蓼鷗鷺竚立。景物如八、九月間，艤小舟，漁人披蓑釣其上，天末隱隱有微雲飛鳥之狀，意思深遠，寫勢精妙，中國之喜畫者或不能也。」

此外，日本刀亦在中國享譽甚隆，宋代名賢歐陽修著有「日本刀歌」一首以贊之：

「昆夷道遠不復通，世傳切玉誰能窮？寶刀近出日本國，越賈得之滄海東。魚皮裝貼香木鞘，黃白間雜鍮與銅；百金傳入好事手，佩服可以禳妖凶。

傳聞其國居大島，土壤沃饒風俗好；其先徐福詐秦民，採藥淹留丱童老。百工五種與之俱，至今器玩皆精巧；前朝貢獻屢往來，士人往往工詞藻。

徐福行時書未焚，逸書百篇今尚存；令嚴不許傳中國，舉世無人識古文。先王大典藏夷貊，蒼波浩蕩無通津；令人感激坐流涕，鏽澀短刀何足云。」（歐陽文忠公集）

有宋一代，當日本平安時代後期及鎌倉時代前期，中、日兩國之官方往來斷絕，無外交關係。此三百餘年中，士大夫之間，亦鮮少詩詞唱和。

歐陽修的「日本刀歌」，名雖詠刀，實則另有所指。歐陽修爲有宋一代風騷，關心文化世道，此詩蓋以借題發揮耳。如「前朝貢獻屢往來」者，指漢以降，中、日使聘頻繁，尤以唐時爲最。「越賈得之滄海東」，指宋時中、日兩國僅賴商船往來閩越及長崎之間。「士人往往工詞藻」者，指日人工於漢文漢詩也。「徐福行時書未焚，逸書百篇今尚存」；感傷秦火摧毀中國經典，而對於書藏日本深致嚮往。所惜「令嚴不許傳中國」，徒興「滄波浩蕩無通津」之嘆耳。

參考書目

王　儀　中國通史

王　儀　中日關係史

王　儀　蒙古元與王氏高麗及日本的關係

徐亮之　中韓關係史話

王婆楞　歷代征倭文獻考

沈　括　夢筆談卷

李迺揚　韓國通史

徐　兢　宣和奉使高麗圖經

王輯五　中國日本交通史

余又蓀　宋元中日關係史

姚從吾　東北史論叢

姚從吾　中國歷史地理——遼金元

彭國棟　中韓使節詩話

參考書目

徐乾學　資治通鑑後編

趙汝适　諸蕃志

方　豪　近年來中外對於宋史的研究

歐陽文忠公集

張方平集

遼史聖宗本紀

遼史道宗本紀

大金國志

金史地理志

宋史

宋史會要

長編卷

玉海卷

開慶四明續志

皇朝類苑風俗誌

明本朝鮮史略

建炎以來繫年要錄
歷代皇記（日）
日本通史（日）
木宮泰彥　中日交通史（日）
林泰輔　朝鮮通史　（日）
新猿樂記（日）
類聚三代格（日）
類小記（日）
中右記（日）
左經記（日）
善鄰國寶記（日）
百練抄（日）
朝野羣載（日）
扶桑略記（日）
師守記（日）
玉葉記（日）

吾妻鏡（日）
倉五山記（日）
夢窗疎石　夢中問答（日）
加藤繁　唐宋時代金銀之研究（日）
凌雲集（日）
高麗史（韓）
李丙燾　韓國史大觀（韓）
文獻通考
三朝北盟會編
中日文化論集
中韓文化論集
馬哥波羅　行紀

中華史地叢書

趙宋與王氏高麗及日本的關係

作　　者／王　儀　著
主　　編／劉郁君
美術編輯／中華書局編輯部

出 版 者／中華書局
發 行 人／張敏君
副總經理／王銘煌
地　　址／11494 臺北市內湖區舊宗路二段181巷8號5樓
客服專線／02-8797-8396　　　傳　　真／02-8797-8909
網　　址／www.chunghwabook.com.tw
匯款帳號／華南商業銀行　　西湖分行
　　　　　179-10-002693-1　中華書局股份有限公司

法律顧問／安侯法律事務所
印刷公司／經典數位印刷有限公司　海瑞印刷品有限公司
出版日期／2015年3月再版
版本備註／據1980年9月初版復刻重製
定　　價／NTD 295

國家圖書館出版品預行編目（CIP）資料

趙宋與王氏高麗及日本的關係 / 王儀著. --
再版. -- 臺北市 : 中華書局, 2015.03
面 ; 公分. -- (中華史地叢書)
ISBN 978-957-43-2406-4(平裝)

1.中韓關係 2.中日關係 3.宋史

641.16　　　　104006395

NO.G0017
ISBN 978-957-432406-4（平裝）